最壮丽的
世界线

卢昌海
科学史随笔集

卢昌海 ◎ 著

清华大学出版社
北京

版权所有，侵权必究。举报：010-62782989，beiqinquan@tup.tsinghua.edu.cn。

图书在版编目（CIP）数据

最壮丽的世界线：卢昌海科学史随笔集 / 卢昌海著.— 北京：清华大学出版社，2024.1
ISBN 978-7-302-61388-6

Ⅰ.①最… Ⅱ.①卢… Ⅲ.①科学史—世界 Ⅳ.①G3

中国版本图书馆CIP数据核字（2022）第124677号

责任编辑：胡洪涛　王　华
封面设计：傅瑞学
责任校对：王淑云
责任印制：沈　露

出版发行：清华大学出版社
　　　　网　　址：https://www.tup.com.cn，https://www.wqxuetang.com
　　　　地　　址：北京清华大学学研大厦A座　　邮　　编：100084
　　　　社 总 机：010-83470000　　　　　　　　邮　　购：010-62786544
　　　　投稿与读者服务：010-62776969，c-service@tup.tsinghua.edu.cn
　　　　质量反馈：010-62772015，zhiliang@tup.tsinghua.edu.cn
印 装 者：北京鑫海金澳胶印有限公司
经　　销：全国新华书店
开　　本：165mm×235mm　　　印　张：9.5　　　字　数：157千字
版　　次：2024年1月第1版　　　　　　　　　　印　次：2024年1月第1次印刷
定　　价：65.00元

产品编号：091524-01

自　序

本书的由来可回溯到 2016 年 10 月。当时,《Newton 科学世界》杂志的一位编辑发来邮件,邀我开一个专栏,"内容只要与科学相关即可"。不过我那时正在写《时空的乐章——引力波百年漫谈》一书,虽偶尔也撰散篇,却没有精力定期分心,就将开专栏的时间推到了 2018 年。

但这一推后仍是过于乐观,因为它是基于一个过于乐观的假设,即《时空的乐章——引力波百年漫谈》能提前数月完稿。一年后,当《Newton 科学世界》的编辑再次来信,试图落实我的"空头支票"时,《时空的乐章——引力波百年漫谈》提前交稿的可能性已彻头彻尾垮掉了,于是我只能厚颜将开专栏的时间再次推后,推到了 2018 年 7 月——这一许诺总算没有再次"跳票"。

本书的第一部分就是那个专栏的文章合集,而本书的书名——《最壮丽的世界线》则是我一度考虑过的专栏名称——但未被采用(编辑为专栏拟了个"科史钩沉"之名)。

《最壮丽的世界线》这一书名还有另一层渊源,那就是效仿了美籍俄裔物理学家乔治·伽莫夫(George Gamow)的自传书名《我的世界线》(*My World Line*)。"世界线"是一个相对论概念,是四维时空中的历史轨迹。伽莫夫的世界线是他的个人人生,本书第一部分的那些文章则是试图为古希腊时期科学的历史勾画一条世界线——作为科学的世界线的一部分。当然,科学的历史远比个人的人生复杂,涉及的世界线也并不单一,那些文章只是择了一条主线。此外,科学的历史远比个人的人生壮丽,说是人类历史上最壮丽的篇章也毫不为过,因此我将科学的世界线称为"最壮丽的世界线",并以之作为本书的书名。

说完了书名，再谈谈体裁。

从体裁上讲，在《Newton科学世界》开专栏的那段时间，我在文字风格上做了一种尝试，开始系统性地撰写被我称为"科学史随笔"的文字。这种文字顾名思义，是以科学史为题材，风格则近于随笔——后者按我的理解，是轻松洒意，避免艰涩，不求全，每篇只写一个点，但尽量写透彻。同时，就像文学随笔多少会带些感想，我的"科学史随笔"也不打算写成史料的单纯汇集和辨析，而是会穿插自己的点评和感想——从这个意义上讲，它兼有对史料的读后感或阅读札记的意味，是一种读书随笔。

我的《Newton科学世界》专栏从2018年7月开始到2019年12月，总计写了17篇（照说该是18篇，但其中有一个月实在抽不出时间，缺了一篇）。那之后，觉得每月一篇终是过于机械，对我这种非专职写作的人来说约束太大，就向编辑"告老还乡"，结束了专栏。

替《Newton科学世界》专栏所撰的那17篇"科学史随笔"，每篇的正文都是3000字左右（这是专栏的要求），其中有一篇（《第五公设的早期探索》）分上、下，另一篇（《欧几里得与〈几何原本〉》）分上、中、下，收录于本书时都做了合并（因此本书第一部分的篇目数由17减为了14）。此外，我写约稿有一个习惯，那就是在大致参照约稿条件的情形下，仍会依自己的风格和兴趣来写——宁可写完后略作"削足适履"的处理再交稿。因此，我的原稿大都是比发表稿更令我满意的文字（两者的相差取决于杂志对我的约束，约束越小，相差越微，反之则相差越大），不仅内容略多，且往往包含注释、文献等。

本书——以及我的每一本书——收录的都是原稿。

由于17篇"科学史随笔"对一本书来说篇幅仍显不够，因此我又添了几篇跟科学史有一定关系的其他文字——构成了本书的第二部分。

如前所述，"最壮丽的世界线"是指科学的世界线，而科学的世界线不仅壮丽，且还漫长曲折。因此我设想，"最壮丽的世界线"系列今后还会出"二集""三集"，等等。事实上，当初考虑以"最壮丽的世界线"作为专栏名称时，我曾有过一个宏大的设想，那就是将这些"科学史随笔"大致沿时间顺序写下去，以每篇写一个点的方式，从古希腊一直写到现代，构成一个超长系列，一部风格独特的科学史。但遗憾却并不意外的是，专栏一结束，我的写作兴趣也就立刻"漂移"了。虽然"科学史随笔"已成为我撰写科学史作品的主要体裁，题材和时间却出现了跳跃，何时能连成当初设想过的贯通古今的世界线，甚至是否会有贯通的那一天，都成了未知数。

不过好在随笔的特点就是独立成篇，能贯通固然好，如若不能，每一篇——或每一个像本书第一部分那样的"子系列"——依然可以有独立的意义，可以作为独立的阅读。"最壮丽的世界线"系列的"二集""三集"等在时间上虽不会严格排序，但都将包含"科学史随笔"。这种写作若能延续足够长的时间，那么最终也许会有机会将各集里的"科学史随笔"重新排序成一个跟当初设想相近的超长系列。

当然，那是远景。一切远景都只是"愿景"，能否实现，殊难预料，但它是我的一个愿望。

2021 年 2 月 28 日

目 录

第一部分
灿烂的古希腊科学

泰勒斯的水	003
毕达哥拉斯的数	009
芝诺的悖论	015
德谟克利特的原子	020
柏拉图的科学哲学	026
亚里士多德的逻辑	032
欧几里得与《几何原本》	038
第五公设的早期探索	054
《几何原本》与中国	065
阿基米德的传说	071
阿基米德的著作	077
阿基米德的方法	084
尺规作图三大问题的早期历史	090
阿波罗尼奥斯的《圆锥曲线论》	097

第二部分
戴森、彭罗斯及其他

戴森印象记	105
Lorenz 规范简史	117
彭罗斯与黑洞	126
关于"绝对正确"的科学理论	136

第一部分

灿烂的古希腊科学

泰勒斯的水 ①

泰勒斯（前 624—前 546）

就像物种的起源一样，很多学科的起源可以回溯到共同"祖先"，比如哲学和科学的起源可以回溯到公元前 6 世纪古希腊"米利都学派"（Milesian school）的同一位先贤——泰勒斯（Thales），他既有"第一位哲学家"（first philosopher）之誉，又被称为"科学之父"（father of science）。

当然，这些头衔并不是无争议的。柏拉图（Plato）笔下的苏格拉底（Socrates）曾经说过："好奇是哲学家的感受，哲学始于好奇。"依这种理解，"第一位哲学家"几乎是不可能确定的。甚至即便诉诸文字，也难以确定"第一位哲学家"是原创者还是记录者。更何况泰勒斯连文字也不曾留下，只被后人提及过——只是提及，连引用都不是。

倒是"科学之父"，在那个时代，几乎是"第一位哲学家"的推论——只要

---

① 本文曾发表于《Newton 科学世界》2018 年第 7 期（科学出版社出版）。

那"好奇"关涉到科学，而这对泰勒斯——或确切说是传说中的泰勒斯——是不成问题的，因为他做过一些哪怕在今天也会被视为科学领域内的事。

比如公元 3 世纪的希腊传记作家第欧根尼·拉尔修（Diogenes Laërtius）和公元 5 世纪的希腊哲学家普罗克洛斯（Proclus）等都记述过泰勒斯在几何方面的成就，其中包括用几何方法测定金字塔高度及海上船只的距离，如今称为"泰勒斯定理"（Thales' theorem）的"直径所对的圆周角是直角"，以及若干其他几何定理。又比如公元前 5 世纪的古希腊历史学家希罗多德（Herodotus）记述过泰勒斯对一次日食的预言——可信度不高，但若属实，一般认为是公元前 585 年 5 月 28 日的日食。另外，泰勒斯也是被后世样板化的"心不在焉科学家"的鼻祖——据柏拉图记述，某天夜里，泰勒斯一边走路一边仰望星空，结果掉进了灌溉渠，被一位女仆拉起。据说后者还说了一句与身份严重不符的话："你连自己脚下都看不见，怎么可能搞清天上的事情？"（这到底是女仆还是女哲学家？）

但泰勒斯最出名的却是一个在今人眼里不无荒诞的学说：万物皆水（All things are water）。

当然，如前所述，泰勒斯并未留下文字，因此我们所知只是后人的提及。比如亚里士多德（Aristotle）在《形而上学》（*Metaphysics*）一书中曾这样提及泰勒斯的学说：

> 最早的哲学家大都认为万物的唯一原理是物质本性的原理……这类哲学的创始人泰勒斯称该原理是水……

从这一提及来看，泰勒斯的意思是说万物的唯一原理是水。拉尔修则表示在泰勒斯的学说里，水是"普遍的原始质料"（universal primary substance）。既是"万物的唯一原理"，又是"普遍的原始质料"，看来确实万物皆水。

泰勒斯为什么会提出这样的学说呢？亚里士多德认为，那是由于他注意到了润湿滋养着万物，而水是润湿之源。后世的研究者也"脑补"了一些缘由：比如泰勒斯进行过海上旅行，对水的力量有切身体会；比如泰勒斯所在的地中海沿岸地区的季节性干旱凸显了水对万物的重要性；比如泰勒斯很关注天气现象，从而有可能由云从水面升起，又变成雨水落下那样的水的变化联想到万物变化；比如泰勒斯可能注意到了蒸发的水有如空气，凝固的水如同固体，河口的三角洲仿佛是水变为泥土，等等。另一些研究者则认为泰勒斯有可能受了古巴比伦、古埃及等地神话的启发。

不过，水作为与生命关系密切，并且唯一能在自然条件下呈现气、液、固三种形态的物质，虽很吸引眼球，但哪怕前述缘由全都成立，推衍为"万物皆水"也是牵强的，因为不需要很高级的眼力，就能看出"万物"并非"皆水"。

对于这种牵强，英国哲学家伯特兰·罗素（Bertrand Russell）进行了解读。在《西方哲学史》（History of Western Philosophy）一书中，罗素表示，"万物皆水这一说法可视为科学假设，而且绝不愚蠢"，因为"万物皆由氢组成，那是水的三分之二"。看来，罗素是将水的分子式 H_2O 解读为氢是水的三分之二，进而解读了万物皆水。后来，在《西方的智慧》（Wisdom of the West）一书中，罗素将这种分子原子层面的解读推到了核物理层面，表示所有元素都可以用氢合成。不得不说，这位在很多方面令我欣赏的哲学家的这番解读是相当拙劣的[①]。

相比之下，美国物理学家史蒂文·温伯格（Steven Weinberg）的解读倒是令我耳目一新。温伯格在《解释世界：现代科学的发现》（To Explain the World: The Discovery of Modern Science）一书中表示，看待古希腊先贤时，最好不要将他们

---

① 吴大猷曾在一篇题为"《易经》与现代物理"的文章中写过这样一段话：

　　《易经》是否已含有近代物理中的量子力学、相对论的要义等问题，严格地讲，必须先真正懂得《易经》，真正懂得这些物理学部门。譬如有人问我，清蒸鳗鱼是不是含有牛肉的成分。我必须先见过尝过鳗鱼，也见过尝过牛肉，我的答案才有意义。假若我从未听见、未尝过二者或二者之一，则答案无论是正是负，都是没有意义的。假若我是一个狡辩者，未见过尝过鳗鱼和牛肉，而只在咬文嚼字上用功夫，说鳗鱼是由碳、氢、氧等原子构成的，而牛肉也不外是由这些原子构成的，所以鳗鱼和牛肉是相同的。这显然是"强词夺理""牵强附会"。

虽然我对这段话里的"必须先真正懂得《易经》"之说不以为然（哪怕不懂得《易经》，我也可以很有把握地断定《易经》或任何其他古籍不可能含有量子力学、相对论的要义——除非把后者弱化为"小和大是不同的""凡事都是相对的"之类），但我觉得，这段话里的狡辩者的咬文嚼字用来形容罗素的解读是再合适没有了。

视为科学家或哲学家，而应该当作诗人。我觉得，起码就泰勒斯而言，温伯格的说法有一定道理。像"万物皆水"这种在实证层面上不无荒诞的观点确实更像是诗人的遐想。退一步讲，哪怕不把泰勒斯当作诗人，考虑到那个时代本就没什么经得起现代科学推敲的周全逻辑，我们也应避免进行过于细密的考察，更不该像罗素那样用现代科学去附会泰勒斯的观点，对之作出超越时代的解读。

事实上，泰勒斯时代就连文字含义都可能是我们所陌生的。比如有研究者指出，我们译为"水"的希腊词在泰勒斯时代乃是泛指一切流质。而物质状态变化的含义则更宽泛——比如稍晚于泰勒斯的古希腊哲学家赫拉克利特（Heraclitus）认为火也有液态和固态，前者是水，后者是土，这显然是我们所陌生的。这种文字含义上的陌生对于解读泰勒斯的学说既是障碍，也是视角，因为如果泰勒斯对"水"和物质状态变化有着迥异于我们的理解，那么"万物皆水"也许就没那么难以理解。可惜，由于泰勒斯并未留下文字，一切就只能猜测了。

不过，尽管泰勒斯的学说在今人眼里不无荒诞，却有着巨大的历史意义，并对后世产生了深远影响。

首先，在大方向上，泰勒斯的学说偏离了那个时代所流行的神创万物的思路。这一点的重要性是怎么估计都不为过的，如果考虑到直至今天，地球上仍有数以十亿计的人相信神创万物，泰勒斯的学说就更显得卓然（当然，泰勒斯并非无神论者，他只是在探索万物组成时没有求助于神）。正是在与神创万物的分道扬镳中，哲学和科学开始了自己的征程。

其次，在具体层面上，"万物的唯一原理"及"普遍的原始质料"的引进在纷繁的自然现象之间，乃至在未知与已知之间建立了联系，体现了用简单因素统一纷繁现象，以及世界由规律支配的思想，在一定程度上可视为科学中的统一观念及规律意识的起源。而且，泰勒斯的学说还对守恒观念的萌发起到了助益。据亚里士多德记述，泰勒斯认为"普遍的原始质料"是守恒的，万物无生无灭，这跟那个时代所流行的神可以随心所欲创造或消灭物质是截然不同的。

除这些意义外，泰勒斯还从自己的学说出发，展开了最早的科学推理。比如从万物的唯一原理是水出发，泰勒斯推出了大地浮在水上。并且他表示——据亚里士多德记述——大地之所以浮在水上而不会飞到空中，是因为"它像木头或类似之物一样，按其组成就能浮在水上而不是空中"。别笑话这种幼稚甚至有些同义反复的推理，以及完全错误的结论，在泰勒斯之前，几乎从未有人对有关自然的论述提供理由，一切都归为神的随心所欲。从那样的传统中脱离出来，才可以展开推理，也才可以对学说做出批评，而不至于像面对神话那样无从下手。更重要的是，对于泰勒斯的学说，就连批评者也会不由自主地沿袭推理的路子，这是理性的巨大魅力。这一点对后人产生了巨大的示范和引导作用。泰勒斯的学说本身虽很快就被放弃了——就连同属"米利都学派"的他的弟子阿那克西曼德（Anaximander）也没有采纳他的学说，但他的大方向却得到了很好的继承，比如阿那克西曼德也试图用"普遍的原始质料"来构筑万物。

先贤之所以是先贤，是因为他们的步履虽然蹒跚，却是婴儿学步的蹒跚；先贤之所以得到我们的敬意，是因为他们的学说虽然幼稚，我们却正是由于从那样的幼稚中学习过，才能告别幼稚。

泰勒斯死于公元前 546 年，享年 78 岁。据拉尔修记述，泰勒斯的墓碑上写着：

伟大的泰勒斯长眠于此，

他的墓穴很小，他的声望齐天。

参考文献

[1] ARISTOTLE.The complete works of Aristotle [M].Princeton: Princeton University Press, 1984.

[2] BARNES J. Early Greek Philosophy [M].London: Penguin Books, 1987.

[3] BRUMBAUGH R S. The Philosophers of Greece [M].Albany: State University of New York Press, 1981.

[4] GOTTLIEB.The Dream of Reason: A History of Philosophy from the Greeks to the Renaissance [M].New York: W. W. Norton & Company, 2000.

[5] JONES W T. A History of Western Philosophy: The Classical Mind [M].San Diego: Harcourt Brace Jovanovich College Publishers, 1970.

[6] LINDBERG D C.The Beginnings of Western Science [M].Chicago: The University of Chicago Press, 2007.

[7] LLOYD G E R. Early Greek Science: Thales to Aristotle [M].New York: W. W. Norton & Company, 1970.

[8] PLATO. The Dialogues of Plato [M].Chicago: Encyclopaedia Britannica Inc., 1994.

[9] RUSSELL B. History of Western Philosophy [M].Milton Park: Routledge, 2004.

[10] SARTON G. Ancient Science through the Golden Age of Greece [M].Mineola: Dover Publications, Inc., 1993.

[11] WEDBERG.A History of Philosophy: vol. 1 [M].Oxford: Oxford University Press, 1982.

[12] WEINBERG S.To Explain the World: The Discovery of Modern Science [M].New York: Harper, 2015.

2018 年 5 月 13 日

毕达哥拉斯的数[1]

毕达哥拉斯（前570—前495）

毕达哥拉斯（Pythagoras）是公元前 6 世纪的古希腊先贤。由于比泰勒斯晚了半个世纪，"第一位哲学家"和"科学之父"的头衔都旁落了，但在科学史的主线上，毕达哥拉斯也有自己的"第一"或"最早"。比如他对乐器结构与音律间的若干关系做出了数学描述，被认为是以数学形式表述自然律的第一人[2]；亚里士多德则称其为最早推进数学研究的人。此外，毕达哥拉斯虽不是"第一位哲学家"，"哲学"（φιλοσοφία）一词据说却是他首先使用的。

跟泰勒斯相似，毕达哥拉斯也不曾留下文字，我们对他的了解只来自后人的

---

[1] 本文曾发表于《Newton科学世界》2018年第 8 期（科学出版社出版）。
[2] 细心的读者也许注意到了"科学史的主线"这一限定。之所以作此限定，是因为在从古希腊到现代科学这条"科学史的主线"之外，人类文明史上——尤其是早期——还有许多零星、孤立、昙花一现或后继乏力的成就。那些成就单以年代而论，足可挑战很多"第一"或"最早"（后文会举出例子）。

记述。与泰勒斯不同的是，毕达哥拉斯有庞大的"追星族"，其中核心人物构成了所谓毕达哥拉斯学派（school of Pythagoras）。毕达哥拉斯去世后，学派出现分裂，部分成员继承了他的科学与数学，另一部分则沿袭了他的神秘主义，相互间多有争斗。除学派成员外，外围"爱好者"们也不甘寂寞，在长达数世纪的时间里，冒学派之名出版了不少著作。这种相互争斗和鱼龙混杂，加之年代久远，给后世的毕达哥拉斯研究带来了不小的困扰，传说中的某些毕达哥拉斯的成就究竟是出自他本人还是学派，甚至是否真实，都成了糊涂账①。因此有必要预先说一句，本文虽在真实性方面有所甄选，其中的某些"毕达哥拉斯"却实为"毕达哥拉斯学派"之简称。

有可能是受出现于音律中的整数及整数之比的启发，毕达哥拉斯对数给予了特殊重视。视之为主宰宇宙万物的规律，以及宇宙和谐的根基。对后世学者如约翰内斯·开普勒（Johannes Kepler）等有很大影响的"天球的音乐"（music of the spheres）概念亦发端于此②。而终极的概括则是所谓"万物皆数"（all things are number）的观念。

由于数学在现代科学中的重要作用，毕达哥拉斯的"万物皆数"听起来也许比泰勒斯的"万物皆水"来得顺耳。不过毕达哥拉斯的数跟现代数学中的数是有很大区别的。首先，毕达哥拉斯的数乃是整数（或整数之比）；其次，据亚里士多德记述，毕达哥拉斯视数为"整个自然的初始之物"（the first things in the whole of nature），从而有着近乎物质粒子的实体性。对此的一个佐证，是毕达哥拉斯擅用数的排列与堆垒构筑形状——如同用物质粒子构筑物质，他并且从中发现了一些有关整数的规律，比如 $1+2+\cdots+n=n(n+1)/2$ 等。我们如今沿用的某些带几何意象的数的术语，比如"平方""立方"等，亦是拜其所赐。

---

① 比如有关毕达哥拉斯研究音律的若干传说就被认为很可能只是"八卦"，因所涉及的观察在物理上应得不出所记述的结论——但也不能完全排除，因为不精确的观察证实先入为主的结论也不无可能。
② "天球的音乐"为何从未被人听见过？据说毕达哥拉斯的解释是：有声须相对于无声才能被感知，"天球的音乐"因是永恒的存在，没有与之映衬的无声，故无法被感知。这种解释也许是拙劣的，但视角不无新颖性，与狄拉克海（Dirac sea）有些异曲同工。

不过，毕达哥拉斯对数的抽象层面也并非一无所知。对这一点的佐证，是毕达哥拉斯率先对纯数学与应用数学做了区分（这是他对数学的重大影响之一），其中纯数学包括算术与几何，研究心智想象出的东西；应用数学包括音乐和天文，研究感官探知到的东西。数是算术的研究对象，因此这一区分表明毕达哥拉斯将数视为心智想象出的东西，从而具有抽象性。综合地看，毕达哥拉斯的数跟泰勒斯的水那样的"原始质料"相比，抽象度无疑高得多，甚至可视为数学研究对象抽象化的开端。

后世学者曾对算术、几何、音乐、天文四大领域在毕达哥拉斯学说中的地位作过有趣的概括，即算术是数的本身，几何是空间中的数，音乐是时间上的数，天文是时空里的数。这种概括很好地体现了"万物皆数"的观念。

利用"万物皆数"的观念，毕达哥拉斯展开了自己的推理。由于将数这样相对抽象的东西视为主宰宇宙万物的规律，毕达哥拉斯的推理具有不同于以往的特色。

比如毕达哥拉斯视 1、2、3、4 分别代表点、线、面、体，并对代表体的 4 情有独钟，视 1、2、3、4 叠合而成的被称为 tetractys（τετρακτύς）的三角图形为神圣——甚至在起誓时都要以之为名义。该图形中的 1、2、3、4 相加而得的 10 则被视为完美数（perfect number）。在"万物皆数"的观念下，这种数字游戏被赋予了实在性，比如被视为完美的天球的数目被认为必须等于 10 这个完美数。不幸的是，当时"知道"的天球只有 9 个，即地球、月亮、太阳、五大行星（金星、水星、火星、木星、土星），以及最外层的群星——这里要提醒读者的是，毕达哥拉斯的宇宙体系并不是地心说，而是所有天球都绕一个不可见的所谓"中央火"（central fire）转动的体系，因此地球也占一个天球。完美数是 10，天球却只有 9 个，怎么办呢？毕达哥拉斯提出存在一个"反地球"（counter-earth）——不是反物质地球，而是在"中央火"的另一边，从而看不见的"地球"。对毕达哥拉斯的这种推理，亚里士多德批评道："他们不是在为现象寻找理论和原因，而是试图强迫现象满足他们的某些理论和观点。"不过换一个角度看，与以往的理论只是单纯解释现象不同，毕达哥拉斯的这种推理也许是科学史上首次凭借理论作出预言——只可惜这预言是原则上不可观测的，从而起不到检验理论的作用。

毕达哥拉斯的"万物皆数"大体就是如此。在那个时代，这种泛泛之论通常是推不翻的（虽每位哲学家皆可另起炉灶），但有意思的是，毕达哥拉斯的"万物皆数"理论很快遭到了打击。更有意思的是，打击居然来自被毕达哥拉斯划为纯数学的算术与几何的同室操戈，而且来自毕达哥拉斯的另一项著名贡献：毕达哥拉斯定理（Pythagorean theorem）。

毕达哥拉斯本人对毕达哥拉斯定理究竟有过何种贡献，其实很难确定。可以确定的倒是，毕达哥拉斯定理不是毕达哥拉斯首先提出的。据目前的考证，早在公元前 19—前 16 世纪——即比毕达哥拉斯早了千年以上——的所谓第一巴比伦王朝（First Babylonian Dynasty）期间，人们就不仅知道了（3，4，5）、（5，12，13）之类满足 $a^2+b^2=c^2$ 的所谓毕达哥拉斯三元组（Pythagorean triple），而且还用了 $a^2+b^2=c^2$ 来计算矩形对角线的长度，显示出对普遍而非特例下的毕达哥拉斯定理的知晓。不过毕达哥拉斯的"冠名"倒也不是纯属乌龙，也许可以这么说，在科学史的主线上，毕达哥拉斯是使毕达哥拉斯定理传播并影响后世的核心人物。

由毕达哥拉斯定理立刻可以得出，一个边长为 1 的正方形的对角线长度为 $\sqrt{2}$。此外，读者们在小学时也许就证明过，$\sqrt{2}$ 是所谓无理数，即并非整数或整数之比。这一点对毕达哥拉斯的"万物皆数"构成了打击——因后者是建立在整数（或整数之比）的基础上的。发现这一点的据说是公元前 5 世纪的毕达哥拉斯学派成员希帕索斯（Hippasus）——但无确切证据。另外据说发现者——无论是不是希帕索斯——被毕达哥拉斯的信徒扔进了海里，或被逐出了学派——也无确切证据。不仅如此，就连 $\sqrt{2}$ 是不是最早被证明的无理数也有一定争议。有学者认为，最早被证明的无理数有可能是正五边形的边与对角线之比，理由是：正五边形是毕达哥拉斯学派所熟悉的图形（其对角线组成的正五角星被认为代表"健康"——神秘主义之一例），且它的边与对角线之比可用当时更流行的纯几何手段证明为无理数，而无须像证明 $\sqrt{2}$ 为无理数那样用到奇数与偶数的性质。此外，那两个线段之比为黄金比例（golden ratio），是公元前 5 世纪就已被发现的（虽当时未用那样的名称），时间上也跟传说中无理数的发现相一致。

无理数的发现细想起来颇堪玩味，因为那实际上是用几何手段推翻了"万物皆数"。尽管发现者被扔进大海云云有可能只是传闻，但无理数的发现当时就对"万物皆数"构成打击是被公认的。在那个并无先验理由认定几何比算术可靠的年代，能承认无理数的发现打了"万物皆数"，似乎意味着毕达哥拉斯虽主张"万物皆数"，实际上对几何的认同度不在算术之下——否则的话，完全可以用"万物皆数"来反过来否定毕达哥拉斯定理（这种为维护错误信念而否定其他东西的做法在古代科学史上是不鲜见的，比如亚里士多德就曾为维护自己的重物下落理论而否定真空）。毕达哥拉斯没有那样做，在无形中提升了几何的地位，毕达哥拉斯之后的柏拉图和欧几里得在这点上跟毕达哥拉斯一脉相承，被认为是在一定程度上受了后者影响[①]。

英国哲学家阿尔弗雷德·诺斯·怀特海（Alfred North Whitehead）曾经说过，整个欧洲哲学传统实质上是对柏拉图的"一系列脚注""毕达哥拉斯是幸运的，他的哲学学说通过柏拉图的头脑传给了我们"[②]。此外，以对科学的影响而论，欧几里得是比柏拉图更重要的人物，是古希腊几何的集大成者，被尊为"几何之父"（father of geometry）。对柏拉图和欧几里得的影响大大增强了毕达哥拉斯在科学史上的重要性，就连对他很有些不以为然的英国哲学家伯特兰·罗素也承认，以思想而论，无论在他明智还是不明智时（后者主要指他的神秘主义），毕达哥拉斯都是"有史以来最重要的人物之一"。

---

① 当然，坚持算术的地位高于几何者亦不乏其人，比如亚里士多德。待到后来，非欧几何的发现动摇了欧氏几何的地位后，算术的翻盘更为明显。关于某些数学家对算术地位的推崇，可参阅拙作《弗雷格的算术》。另外，这里要再次强调，本文中的某些"毕达哥拉斯"实为"毕达哥拉斯学派"之简称——此处尤其如此，因发现无理数的并非毕达哥拉斯本人。
② 有必要指出的是，在柏拉图的皇皇巨著中，毕达哥拉斯其实只被提及了寥寥数次。不过很多研究者认为，毕达哥拉斯对柏拉图的影响已渗透在后者的思想里，达到了水乳交融、难以分割的程度。就连著名的柏拉图正多面体，也有学者认为应部分归功于毕达哥拉斯。

参考文献

[1] ARISTOTLE.The Complete Works of Aristotle [M].Princeton: Princeton University Press, 1984.

[2] COHEN M R,DRABKIN I E. A Source Book in Greek Science [M].Cambridge: Harvard University Press, 1948.

[3] FERGUSON K. Pythagoras: His Lives and the Legacy of a Rational Universe [M].London: Icon Books, 2011.

[4] GUTHRIE K S. The Pythagorean Sourcebook and Library [M].Newburyport: Phanes Press, 1987.

[5] KLINE M. Mathematical Thought from Ancient to Modern Times: vol. 1 [M].Oxford: Oxford University Press, 1972.

[6] KLINE M. Mathematics: The Loss of Certainty [M].New York: Fall River Press, 1980.

[7] KIRK G S. The PreSocratic Philosophers: A Critical History with a Selection of Texts [M]. Cambridge: Cambridge University Press, 1957.

[8] LLOYD G E R. Early Greek Science: Thales to Aristotle [M].New York: W. W. Norton & Company, 1970.

[9] RIEDWEG C. Pythagoras: His Life, Teaching, and Influence [M].Ithaca: Cornell University Press, 2005.

2018 年 6 月 02 日

芝诺的悖论[①]

芝诺（前 490—前 430）

在所有古希腊先贤的学说中，荒诞色彩最强的也许要属公元前 5 世纪的哲学家巴门尼德（Parmenides）的学说。巴门尼德认为所有基于"普遍的原始质料"的学说有一个共同缺陷，那就是既宣称世界由"普遍的原始质料"组成，又允许存在不包含"普遍的原始质料"的真空。为解决这一缺陷，巴门尼德主张真空不存在，整个世界乃是一个实体性的"一"（one），这个"一"均匀、永恒、不可分割，并且是球形的（球形之外是什么就语焉不详了）。由此得出的一个直接推论是：运动是不存在的。巴门尼德的上述主张及推论是如此荒诞，公元前 4 世纪的哲学家第欧根尼干脆用走路来反驳它——因为走路分明是一种运动。

不过，巴门尼德"料敌"在先，"一不做二不休"地宣称了如果他的理论有悖于感觉，那只不过说明感觉是虚幻的。读到这里，大家也许会觉得巴门尼德的学说不仅荒诞，而且诡辩，甚至还有些无赖。不过，可别小看这种学说，托年代

[①] 本文曾发表于《Newton 科学世界》2018 年第 9 期（科学出版社出版）。

久远的福，巴门尼德这种以相当极端的方式重思辨轻实证的学说也算开启了一个流派，这一流派对若干重要的哲学家都产生过程度不等的影响，并经由他们影响了后世。

从科学史的角度讲，受巴门尼德影响至深的哲学家首推他的弟子芝诺（Zeno）——也称为埃利亚的芝诺（Zeno of Elea），以区别于另几位同名的古代哲学家；其次是古希腊的原子论者（atomists）——不过后者虽在若干重要方面受巴门尼德影响，主旨则相当不同。

本文要介绍的是芝诺。

芝诺被柏拉图笔下的苏格拉底揶揄为巴门尼德第二，他最为后世所知的是一系列悖论。悖论一词的英文 paradox 出现于 16 世纪，源自拉丁文的 paradoxum，后者又源自希腊文的 παράδοξος（parádoxos），意为有悖于正统、出乎定见之外等。悖论长期以来就很受哲学家青睐，将年代久远和影响深远综合起来评定的话，芝诺大约可算是悖论第一人。悖论由于要"有悖于正统"或"出乎定见之外"，故免不了要包含观点之辩——包括诡辩，这跟单纯阐述学说是有差别的，这种差别使芝诺被很多人视为辩证法（dialectics）的鼻祖。从这个角度讲，后来的苏格拉底、柏拉图，乃至中国人民特别熟悉的卡尔·马克思（Karl Marx）、弗里德里希·恩格斯（Friedrich Engels）等人都是程度不等的"追随者"①。

据公元 5 世纪的希腊哲学家普罗克洛斯记述，芝诺的著作包含了 40 个悖论。可惜那著作早已不存，后世依据的只是柏拉图、亚里士多德等人的转述②。

在芝诺的悖论中，有些已失传，有些早已无悖可论，却也有少数几个时至今日仍引起很多人的兴趣，甚至仍是哲学家的研究课题，二分悖论（dichotomy

---

① 当然，这里的"追随者"是加引号的，因为芝诺时代的辩证法跟后世——尤其是德国哲学家 G. W. F. 黑格尔（G. W. F. Hegel）之后——的辩证法有不小的差异。
② 对柏拉图和亚里士多德的转述做一个比较也许是有趣的，我的个人观感是：柏拉图的转述采用了他所拿手的对话形式，但在文字推敲乃至文字游戏的层面上着墨甚多，给人云山雾罩的感觉，读那样的对话，往往觉得除非作者想拉偏架，否则可以永远谈下去。相比之下，亚里士多德的记述更契合主题，更明晰，更直截了当，也更多精辟之见。难怪美国物理学家温伯格在《解释世界》（*To Explain the World*）一书中曾"大不敬"地表示："亚里士多德不像柏拉图那样有时愚蠢"。

paradox）和飞矢悖论（arrow paradox）就是著名的例子——并且都是意在支持巴门尼德关于运动不存在的论断。

其中二分悖论是这样的：如果你想从一个点 A 运动到另一个点 B，就必须首先经过运动路径的中点 C_1，然而想运动到 C_1，又必须首先经过从 A 到 C_1 的运动路径的中点 C_2……如此以至无穷。由于中点的数目不可穷尽，因而无论给你多少时间，也不可能走完这些中点，由此可见运动是不可能的。

二分悖论有一个著名的变种叫作阿基里斯与乌龟悖论（paradox of Achilles and the tortoise）。该悖论中的阿基里斯（Achilles）是希腊神话中的勇士，体力过人、长于奔跑，乌龟则是被广泛视为移动缓慢的动物。阿基里斯与乌龟悖论宣称如果阿基里斯与乌龟赛跑，只要让乌龟先爬一段路，阿基里斯就不可能追上。理由是：每当阿基里斯追到乌龟先前所在的位置时，乌龟总是又往前爬了一段……这个过程无法穷尽，故而阿基里斯不可能追上乌龟。

今天所有学过高等数学的读者也许都能看出二分悖论的误区，那就是将一个无穷级数的项数无穷与结果无穷混为一谈了。在适当的单位下，二分悖论所涉及的无穷级数是 $1/2+1/4+\cdots$ 项数是无穷的，结果却并不因项数无穷就成为无穷，而仅仅是 1，是有限的。因此无论是那无穷多个中点，还是两两之间那无穷多段路径，都能在有限时间内走完。

当然，二分悖论并不是等到高等数学出现之后才被反驳的。在历史上，亚里士多德在《物理学》（*Physics*）一书中就给出了一个很漂亮的反驳，要点是指出芝诺只对空间进行了无穷分割，却忘记了同样的手法也可用于时间。只要对时间和空间做同样的无穷分割，走完芝诺分割出的无穷多个中点（或两两之间的无穷多段路径）就只需有限的时间，因为那实际上是用从有限时间中分割出的无穷多个时间点（或两两之间的无穷多段时间）来完成的。亚里士多德并且还指出，无论对空间、时间还是其他连续之物，我们谈论它们的"无穷"时必须区分两种含义：一种是分割意义上的无穷，一种是延伸意义上的无穷，芝诺混淆了两者故而得出了错误结论。亚里士多德的这一表述跟我们通过无穷级数表述的看法有异曲同工之处，"分割意义上的无穷"相当于项数无穷，"延伸意义上的无穷"相当于结果无穷，将两者混为一谈正是二分悖论的误区。只不过亚里士多德用的是芝诺自己的手法，可谓"以子之矛，攻子之盾"，或"以毒攻毒"，是论辩的高招。

芝诺的飞矢悖论则是这样的：一个飞矢（或任何号称运动的物体）在每个时刻都占据一个完全固定且与自身等大的位置，因而是不动的。由于时间是由时刻组成的，既然飞矢（或任何号称运动的物体）在每个时刻都不动，就只能被认为是不动的，故而运动是不可能的。

飞矢悖论让我想起美国物理学家理查德·费曼（Richard Feynman）在《费曼物理学讲义》（The Feynman Lectures on Physics）中关于速度的一段讨论。在那段有趣的讨论中，费曼也分析了一些有关速度的诡辩——当然结论跟芝诺完全不同。通过分析，费曼给出了速度的定义，即速度是同时趋于零的位置变化 Δr 与时间间隔 Δt 之比的极限：$v=\lim_{\Delta t \to 0}\Delta r/\Delta t$。这也正是速度的现代定义，要点是让时间间隔趋于零。与现代定义不同，飞矢悖论相当于将时间间隔变为零（即所谓"时刻"），相应的位置变化也就不再是趋于零而直接变为了零，位置变化与时间间隔之比则成了数学上无定义的 0/0。不仅如此，芝诺还从 0/0 中反推出速度为 0，相当于宣称了 0/0=0，语义上虽可惑人，在数学上则是没有依据的（这也体现了日常语言在科学分析中的缺陷）。

读者也许好奇，亚里士多德对飞矢悖论有什么看法。他的看法简括起来乃是：谈论物体的运动或静止，都是依据其在某个时刻的位置与前一时刻的位置的比较而定的，像芝诺那样只考虑一个时刻，是无法谈论物体的运动或静止的。这个看法跟速度的现代定义是相当接近的。另外顺便提一下，英国哲学家伯特兰·罗素在《数学的原理》（The Principles of Mathematics）一书中对飞矢悖论也有过剖析，那就是指出了飞矢在每个时刻都不动无非是一个变量所取的每个数值都是常数这一简单事实的翻版。用前者否定运动就如同用后者否定变量的取值可变，是站不住脚的。

虽然同属古希腊的亚里士多德就已对芝诺的悖论做出过相当一针见血的分析或反驳，但跟那个时代的很多如今看来幼稚的其他学说相比，芝诺的悖论显然有强得多的生命力，时至今日仍不仅能将普通人绕进去，甚至能让哲学家陷入争论。

从数学的角度看，上面这两种芝诺的悖论实际上是对涉及无穷的种种精微之处的早期困惑。从这种困惑中，芝诺还提出过对无穷大的否定，理由是——据后人记述——"事物必须与自身一样多，不能更多也不能更少"，而无穷大不与自身一样多，因此该被否定。什么叫作无穷大不与自身一样多？一种很可能的猜测是，芝诺注意到了无穷集合的一个特点，那就是无穷集合可以与自身的某些真子集一一对应。

从这些方面看，芝诺可谓是最早对无穷这一概念进行深入思考的古希腊先贤，芝诺的悖论绝非幼稚之论，甚至也并非普通的诡辩，而是一段漫长探索的起点。为无穷这一概念建立了可靠基础，成了未来数学基础研究的重要组成部分。德国数学家大卫·希尔伯特（David Hilbert）在与保罗·伯奈斯（Paul Bernays）合著的《数学基础》（*Grundlagen der Mathematik*）一书中曾经表示，从数学上讲，能否真正解决芝诺的悖论，关键是能否给出一个关于连续统（continuum）的自洽的数学理论，这就把芝诺的悖论直接拉进了当时正处于热议中的数学基础研究里①。

最后，让我们用英国哲学家阿尔弗雷德·诺斯·怀特海的话来为芝诺的悖论"盖棺论定"。怀特海曾经表示，虽然所有人都不认同芝诺的结论，但"每个世纪都认为他值得反驳"，这就非常了得，因为"文字能被每个世纪所反驳乃是成就之巅峰"。

参考文献

[1] ARISTOTLE.The Complete Works of Aristotle [M].Princeton: Princeton University Press, 1984.
[2] PLATO.The Dialogues of Plato [M].Chicago: Encyclopaedia Britannica Inc., 1994.
[3] RUSSELL B. Wisdom of the West [M].New Orleans: Crescent Books, 1989.
[4] WEDBERG.A History of Philosophy, vol. 1 [M].Oxford: Oxford University Press, 1982.

2018 年 7 月 15 日

---

① 所谓"连续统"，指的是实数集，涵盖了芝诺悖论所涉及的无穷集，也是数学基础研究的重要对象。

德谟克利特的原子[1]

德谟克利特（前460—前370）

古希腊科学或哲学史上的一件最富戏剧性的事情是：荒诞色彩最强的巴门尼德在很大程度上造就了分属数学和物理的两大最有远见卓识的古代学说，前者是芝诺的悖论，后者是古希腊的原子论（Atomism）——以德谟克利特（Democritus）为代表人物。

我们在芝诺的悖论一文中介绍过，巴门尼德主张真空不存在，整个世界是一个均匀、永恒、不可分割、形状为球形的"一"；并由此得出了运动不存在的荒诞推论。古希腊的原子论跟巴门尼德的这些主张有着密切关系，从这点上讲与芝诺的悖论相似。所不同的是，芝诺的悖论意在支持巴门尼德的学说，古希腊的原子论则在很大程度上是反其道而行之，首先否定了运动不存在这一荒诞推论，进而推翻了世界是一个均匀、永恒、不可分割、形状为球形的"一"这一前提，并肯

---

[1] 本文曾发表于《Newton科学世界》2018年第10期（科学出版社出版）。

定了真空的存在。

作为自己的主张，古希腊的原子论者提出了世界不是"一"而是"多"（many），组成"多"的每个"一"则是所谓的原子（atom）。不过，古希腊的原子论对巴门尼德的学说也不无继承之处，比如将后者主张的均匀、永恒、不可分割三项特性用于了原子（顺便说一下，"原子"一词的希腊语"ἄτομον"的含义就是不可分割），只放弃了形状为球形这一项——因为他们足够明智地认为原子可以有很多种，"没有理由只能有一种形状而不能有另一种形状"。

均匀、永恒、不可分割用于整个世界是荒诞的，作为原子的特性则不仅不荒诞，甚至是相当高明的假设。古希腊的原子论也因此远比当时的任何其他学说更接近现代科学对自然的描述。

古希腊原子论的集大成者是德谟克利特，渊源则往往被回溯到一位生卒年份皆不详，甚至是否实有其人都有争议的人物：留基伯（Leucippus）。在德谟克利特之后，古希腊原子论在表述上亦不无变化。比如一个多世纪后的伊壁鸠鲁（Epicurus）认为原子在运动中有时会出现随机偏转（swerve）①；罗马时期的诗人兼哲学家卢克莱修（Lucretius）则提出了原子带有挂钩（hook）之类可相互"勾结"的结构，等等。

由于原子比像水那样的"原始质料"抽象得多（起码非肉眼可见），因而古希腊的原子论是将"原始质料"学说往抽象方向推进了一步。这种抽象甚至在两千多年后仍遭到一些知名学者的反对，比如19世纪的奥地利哲学家恩斯特·马赫（Ernst Mach）就曾长期反对原子论，这也反衬出古希腊原子论的超前性（当然，单以抽象而论，比古希腊原子论更超前的乃是"万物皆数"，只可惜过犹不及）。

古希腊原子论的魅力，在于其巨大的定性解释能力。比如不同形状的原子有不同的结合方式，对应于物质质地的差异；比如原子排列有不同的紧密程度，对

---

① 伊壁鸠鲁提出这种随机偏转有两个原因，一是为了解释物质的形成——在他看来若没有随机偏转，所有原子都将如雨点般匀速下落，无法相互碰撞形成物质；二是为了解释自由意志的存在。由于随机偏转所具有的非决定论（indeterminism）色彩，伊壁鸠鲁有时被视为非决定论的鼻祖。

应于物质密度的差异；除结合与排列外，原子间还可以有碰撞和反弹，激烈时甚至可冲散结合与排列，使原子自由运动，对应于液体或气体的流动性。物质守恒的观念也因原子本身的永恒而有了明确的诠释和实现。可以毫不夸张地说，没有一种日常所见的现象，是原子论无法定性解释或必须以牵强方式解释的，这在当时的学说中是无与伦比的。

美国物理学家理查德·费曼在《费曼物理学讲义》的开篇语中曾对原子论的这种巨大的定性解释能力做了令人印象深刻的概括：

> 假如，在某种大灾难中，所有科学知识都将被毁，只能有一句话传于后世，什么话能用最少的词汇包含最多的信息？我相信是原子**假设**（或原子**事实**，或随你怎么叫），即**万物皆由原子——一些永恒运动着的，稍稍分离时相互吸引，彼此挤压时相互排斥的微小粒子——组成**。你们将会看到，在那样一句话里，只要用上一点点想象和思考，就有着关于世界的巨量信息。

只要将古希腊的原子论与费曼这段话做一个比较，就不难发现，费曼提到的"万物皆由原子组成"，以及原子的"永恒运动着"，"彼此挤压时相互排斥"，以及"微小粒子"等性质都已在很大程度上被古希腊的原子论涵盖了——当然，需要"用上一点点想象和思考"，比如"彼此挤压时相互排斥"可视为原子永恒、不可分割等特性的推论。唯一缺失的是"稍稍分离时相互吸引"这一性质（卢克莱修表述中的挂钩之类庶几近之）。当然，费曼的上述表述本身也只是对现代物理中的原子性质的高度简化，但古希腊的原子论能与之接近到这种程度依然是相当高明的。

对于芝诺的悖论和古希腊的原子论这两个分别自正面和反面受巴门尼德影响的学说，从哲学源流上讲，芝诺是辩证法（dialectics）的鼻祖，古希腊的原子论及其代表人物德谟克利特是唯物主义（materialism）的源头，两者皆延续至今。从科学源流上讲，则芝诺是最早对无穷这一概念进行深入思考的古希腊先贤，古希腊的原子论是机械观和机械决定论的发端，两者也都影响深远。在古希腊的原子论中，世上的一切变化都由原子的运动与组合决定，不存在偶然性——前者是机械观，后者是机械决定论。传说中的留基伯曾宣称：没什么事情是偶然发生的，一切源自必然，必然就是命运。这正是典型的机械决定论[①]。

既然世上的一切变化都由原子的运动与组合决定，古希腊的原子论就自动涵盖了一切领域，连感觉、伦理、心理等也不能例外。事实也确是如此，比如灵魂被德谟克利特视为由球形原子组成的——因球形最具渗透性，且最能通过自己的运动让其他东西运动（打个现代比喻的话，是类似滚珠的作用）；比如眼睛看见物体被认为是受物体发出的原子流的冲击（这在一定程度上是光的微粒说的源头）；最令人惊异的则是：颜色、味道、冷热等被认为是因原子而产生的次级感觉（secondary sense），而非原子本身的性质。在如此久远的过去，居然能意识到颜色、味道、冷热等不是原子本身的性质，实在是了不起的——要知道，哪怕在今天的物理课上，老师都仍需苦口婆心地叮嘱学生：单个原子是没有温度的！

这些思考很自然地将古希腊的原子论者引向了对物质世界与感觉世界的区分上。他们并且主张，对物质世界的了解，需通过理性对感觉世界里的东西进行分析和诠释才能获得。这对后世的认识论（epistemology）的发展产生了深远影响。

由于古希腊的原子论远比其他古代学说更接近现代科学对自然的描述，其所衍生的机械观和机械决定论也在科学上影响深远，因此在结束本文前，不妨对这几者在科学领域的后续发展略作介绍。

作为一种相对抽象的"原始质料"学说，拜抽象性所赐，古希腊的原子论没有像其他"原始质料"学说那样快速完结，而是在两千多年的时间里屹立不倒。不仅如此，随着牛顿定律等的问世，古希腊的原子论及衍生出的机械观和机械决定论甚至得到了强大的"技术支持"。

首先是科学巨匠艾萨克·牛顿（Isaac Newton）在《光学》（Opticks）一书中以极明确的方式重申了几乎完全等同于古希腊原子论的观点：

[①] 当然，这里必须除去伊壁鸠鲁这一"异数"，他提出的"随机偏转"如前注所述，带有非决定论色彩。这种非决定背后所涉及的机械决定论与自由意志之间如何协调之类的问题，则成为了哲学史上最持久的争议之一，直到今天仍未平息。

在我看来很可能的是，上帝最初将物质造就为实心、有质量、坚硬、不可穿透、可运动的粒子……

牛顿并且进一步表示，支配这些粒子运动的原理尽管尚未被完全发现，但那些原理应不具有超自然的品性，而是普适的自然律（general laws of nature）。

牛顿的表述极大地凸显了原子论和机械观的地位。在牛顿之后，法国科学家皮埃尔-西蒙·拉普拉斯（Pierre-Simon Laplace）则对机械决定论做了明确阐述[①]：

我们也许可以将宇宙的当前状态视为过去的结果，以及将来的原因。假如某种智慧能知道某一时刻促使自然运动的所有的力，以及组成自然的所有物体的所有位置，假如这种智慧还强大到能对这些数据进行分析，则它将能把宇宙中从最大的物体到最小的粒子的运动全都涵盖在一个公式里。对于这种智慧来说，不存在任何不确定，未来就像过去一样呈现在它眼前。

不过，这些"技术支持"虽带来一时风光，却无法改变机械观和机械决定论一并倒在量子理论脚下的最终命运。原子的概念虽得以存续，或改换成基本粒子的面目维持了某种意义上的不可分割性，细节则经历了脱胎换骨的变动。

好在科学史不是成王败寇的历史，即便对量子力学的先驱们来说，古希腊的原子论也依然是可敬的，比如量子力学的创始人之一维尔纳·海森堡（Werner Heisenberg）曾反复强调古希腊原子论的先导地位。另一位量子力学先驱沃尔夫冈·泡利（Wolfgang Pauli）则称古希腊的原子论为"理性思维模式的胜利"（a triumph of the rational mode of thinking）。

据说年轻时的德谟克利特曾经造访雅典，试图拜谒当时的名士，结果却受到冷遇，留下了"我来到雅典，却没人知道我"的感慨。但在如今的雅典，在距

---

① 如果细究的话，拉普拉斯表述中的"所有物体的所有位置"应改为所有物体的初始条件才更准确，后者不仅包含位置，还需包含速度。

市中心约 10 公里的地方，建有一座以他名字命名的旨在研究核物理和粒子物理的研究所，叫作德谟克利特科学研究中心（National Centre of Scientific Research Demokritos）。

两千多年的时光没有抹去德谟克利特的原子，也没有抹去德谟克利特的大名。

参考文献

[1] ADAMSON P. Classical Philosophy: A History of Philosophy without any Gaps, vol. 1 [M]. Oxford: Oxford University Press, 2014.

[2] BARNES J. Early Greek Philosophy [M].London: Penguin Books, 1987.

[3] BRUMBAUGH R S. The Philosophers of Greece [M].Albany: State University of New York Press, 1981.

[4] FEYNMAN R P. The Feynman Lectures on Physics: vol. 1 [M].Boston: Addison Wesley, 1989.

[5] WEDBERG.A History of Philosophy: vol. 1 [M].Oxford: Oxford University Press, 1982.

2018 年 8 月 12 日

柏拉图的科学哲学[①]

柏拉图（前 428/427—前 348/347）

在西方哲学史上，苏格拉底是一个重要的分水岭，重要到了之前的哲学家可被统称为前苏格拉底（Pre-Socratics）哲学家——这是因为之前的哲学家大都以自然为研究对象，苏格拉底的兴趣却以政治、伦理等为主，由此将整个哲学的注意力延伸到了人文领域。罗马时代的哲学家马库斯·图利乌斯·西塞罗（Marcus Tullius Cicero）因而称苏格拉底为"将哲学唤落天堂的第一人"。对科学史来说，苏格拉底的出现意味着原本不分家的哲学与科学变得可以分离了，相应地，哲学家与科学家的身份也变得可以分离了，比如苏格拉底本人就只是哲学家而不被称为科学家。

此外，苏格拉底擅长公开论辩，由此发展出了一套"有苏格拉底特色"的论辩式的阐述技巧，其特点是精于归纳（induction）、注重定义（definition）等，以至于亚里士多德将引进归纳和定义的荣誉归于了苏格拉底。

苏格拉底的这些特点深刻影响了他最著名的弟子柏拉图。这位可跟亚里士多

[①] 本文曾发表于《Newton 科学世界》2018 年第 11 期（科学出版社出版）。

德并称为西方文明两大最重要先贤的哲学家也擅长论辩式的阐述技巧——事实上，柏拉图的很多文字直接就是以苏格拉底论辩"实录"的形式出现的[①]。此外，柏拉图也像苏格拉底那样对人文领域怀有浓厚兴趣，并且通常也不被称为科学家，虽然他曾受毕达哥拉斯学派影响，科学——尤其数学——功底显著高于苏格拉底[②]。

不过，无论是否称其为科学家，柏拉图对科学的影响都是不可忽略的——这种影响并不在于他提出了什么科学理论，而主要是通过两个其他方面：一个是他所建立的柏拉图学院（Platonic Academy，也称柏拉图学园），那是一个吸引了大批顶尖哲学家（其中包括亚里士多德），断续传承近千年的学院，在整个人类文明史上都有举足轻重的地位（虽然柏拉图本人是否在学院直接教书尚有争议）；另一个则是他关于科学的见解——这跟前苏格拉底哲学家有很大区别，后者提出的是科学见解，柏拉图谈论的则有相当部分是关于科学的见解。这种见解后来成为科学与哲学间的一个交叉领域——科学哲学（philosophy of science）——的研究对象。因此，柏拉图可被视为科学哲学的开创者之一。

与先前的哲学家相比，我们对柏拉图的了解有一个巨大的便利之处，那就是多数先前的哲学家要么没留下文字，要么所留文字已然失传，只能从往往混杂了其他见解的后人转述中管窥。柏拉图却简直是奇迹，他的哪怕以现代眼光来看也算得上卷帙浩繁，用莎草纸等古代媒介承载更是远超"等身"的著作大比例地流传到了今天[③]。

[①] 由于苏格拉底不曾著述，柏拉图的"实录"成了后人了解苏格拉底的最重要渠道。不过柏拉图的此类文字作为苏格拉底言论的忠实程度是大可怀疑的。一般认为，此类文字中的早期部分的忠实程度高于后期部分。此外，与苏格拉底不同的是，柏拉图的论辩主要诉诸文字。

[②] 比如美籍丹麦裔天文学家西奥多·S. 雅各布森（Theodore S. Jacobsen）在《从古希腊到开普勒的行星体系》（Planetary Systems from the Ancient Greeks to Kepler）一书中就曾表示："柏拉图，尽管被认为是古代最伟大的哲学家之一，就天文科学而言却几乎可被忽略"——当然，以直接贡献而论这也许不算夸张，但若将间接影响考虑在内，这样的评价是值得商榷的。另外，为行文简洁起见，这里我们用"科学"统称一切研究自然的学科——包括数学，特此说明。

[③] 读者也许会问：我们何以知道柏拉图的著作大比例地流传到了今天？著作若是失传，我们便不知其存在，从而也不知其失传，这难道不是像"没来的同学请举手"找不出没来的同学吗？对此的回答是：著作的失传只是文字失传，通常会经口口相传或后人转述留下线索（这也正是我们了解柏拉图之前那些古希腊先贤的主要渠道）。所谓柏拉图的著作大比例地流传到了今天，指的是没有太多那样的线索指向不为今人所知的文字。

不过，虽著作广为流传，我们对柏拉图的生平却知之甚少——比如对其生卒日期的考证皆有数以年计的误差，其出生地乃至真实名字亦不无争议。据希腊传记作家拉尔修称，"柏拉图"这一名字乃是希腊语昵称，意为宽阔、宽广等，用于形容身材、前额或渊博流畅的辩才等，其真名则是亚里斯多克斯（Aristocles）。由于拉尔修比柏拉图晚了数百年，此说本身也不无争议，但若属实，我们倒要感谢取此昵称的人——因为属实的话，西方文明两大最重要先贤就变成了亚里斯多克斯和亚里士多德，有些绕口了。

据希腊哲学家普罗克洛斯转述，被后世尊为"第一位科学史学家"（first historian of science）的公元前 4 世纪的古希腊学者欧德莫斯（Eudemus）曾这样评价柏拉图：

柏拉图极大地推进了数学，尤其是几何，因为他对这些研究怀有热忱。他的著作众所周知地密布着数学术语，他随时随地试图在哲学学生中激发对数学的欣赏。

与这一评价遥相呼应的，是传说中镌刻在柏拉图学院门前（或门上）的那句名言：不懂几何者勿入——不过这传说是柏拉图去世近千年之后才开始流传的，可信度并不高。可信度更高的是柏拉图自己的文字——在《理想国》（The Republic）一书中，他将算术、几何、立体几何、天文等列为主要数学分支及哲学家的必备知识。不仅如此，柏拉图认为理想的治国者必须是哲学家，从而也必须具备数学知识，这就进一步提升了数学的重要性。

如果说，将数学列为治国者的必备知识给数学披上了前所未有的"入世"色彩；那么，柏拉图对应用数学颇为轻视，又让数学带有了抽象而"出世"的意味。柏拉图哲学的一个核心概念是所谓"理念"（ideal）。理念被认为是永恒不变的，只能用心智或灵魂来把握，自然界的现实事物则是理念的不完美"拷贝"。柏拉图曾用他著名的"洞穴寓言"（allegory of cave）来比喻理念与现实事物的关系：人是洞穴里的囚徒，只能看见外部世界投在洞穴壁上的影像，所谓现实事物不过是那组影像，理念才是洞穴外的真正实在。那么数学呢？在柏拉图哲学里，数学的地位近于理念，被赋予了不依赖经验的抽象性和永恒性。这种思想对后世的科学哲学产生了很大影响。

由于理念和数学被赋予了不依赖经验的抽象性和永恒性，柏拉图在相关的科学哲学阐述中不像先辈那样倚重经验和归纳，而是更偏好演绎。比如在《理想国》中，他写道：

> 你们知道几何、算术及相关科学的学生在他们的若干科学分支中作出了有关奇数、偶数、图形及三种类型的角之类的假设；那是他们及每个人都该知道的假设，因而不必费心向自己或别人去阐释；但他们以之为出发点，用一种自洽的方式，一直推进到最终的结论。

从这段文字可以看出，柏拉图的演绎体系带有一定的公理化色彩，从一些"不必费心向自己或别人去阐释"的"每个人都该知道的假设"出发，"用一种自洽的方式""一直推进到最终的结论"。此外，尽管柏拉图著作几乎是纯文字的，某些文字的结构及所述内容却带有公理化色彩或与后世公理化理论的某些方面有一定的相似性，比如他对理念与作为理念"拷贝"的现实事物的阐述，在逻辑关系上有些类似于集合与集合元素的关系。这种偏好演绎的公理化色彩对后来的数学——尤其几何——的发展不无影响。

不过，柏拉图的科学哲学由于偏好演绎，使机械、力学等倚重经验和归纳的应用学科与数学产生了隔膜。不仅如此，在柏拉图哲学里，对现实事物的其他研究也是相对"低级"的——因现实事物是理念的不完美"拷贝"，从而被认为不该是哲学家全心投入的研究对象。概括地说，在柏拉图哲学中，自然科学和应用科学的地位低于数学，后者又略低于对理念的研究。这种"分级"可视为柏拉图科学哲学的组成部分，对自然科学——尤其实验、应用及观测科学——是不甚友善的。

但这其中有一个例外，那就是天文学——因为天体被认为是天堂里的东西而非现实事物，从而是永恒的，这使天文学脱颖而出，甚至成为探索理念的途径之一。天文学也因此成为古希腊自然科学中成就最高的学科。有鉴于天文学的特殊地位，柏拉图将自己对几何的热忱融入其中，提出了一个主宰学术界长达两千年的思想，即天体的运动应该由最完美的匀速圆周运动来描述。由于当时已经知道，天体中的行星的运动并非匀速圆周运动，因此柏拉图的思想成了一个挑战：如何用匀速圆周运动描述行星运动。

虽然柏拉图的挑战最终被判定为错误——是纯粹思辨导致的无数错误之一，但它包含的用几何描述天体运动的思路，可以说是关于数学模型的最早主张。在柏拉图的巨大影响下，自他的弟子欧多克斯（Eudoxus）开始，柏拉图的挑战同时主宰了地心说和日心说。哪怕渐渐地，随着观测和计算精度的提高，匀速圆周运动实在无法描述行星运动时，天文学家们依然付出着艰苦努力，试图只放弃匀速，而维持圆周运动。最后，直到17世纪初，当德国科学家约翰内斯·开普勒用漂亮的椭圆轨道描述了行星运动，才终结了柏拉图的这一科学哲学"遗产"[1]。

在结束对柏拉图的介绍之前，还有一点值得一提，那就是在柏拉图的哲学乃至科学哲学中，"神"呈现了卷土重来的势头——比如理念被认为是神的创世蓝图，天体被认为是神的居所。然而，跟古典神话及后世宗教里的神不同的是，柏拉图的神并不干预天体运动，其创世蓝图是永恒不变的，那样的神实际上是规律的隐喻。这一特点被很多后世哲学家和科学家所继承，成为神学统治时期的最佳权宜——虽然那时的很多哲学家和科学家是真心相信神的存在，但不认为神会每时每刻干预自然使他们跟普通教徒乃至正统教义卓然有别。比如据说法国科学家皮埃尔-西蒙·拉普拉斯被问到他的世界体系里神在哪里时，答曰："我不需要那个假设"！

---

[1] 关于柏拉图这一"遗产"引发的研究，可参阅拙作《上下百亿年：太阳的故事》（清华大学出版社2015年8月出版）的第三章：地心说 vs 日心说。

参考文献

[1] FARRINGTON B. Greek Science [M].London: Penguin Books, 1961.

[2] FOWLER D. The Mathematics of Plato's Academy [M].Oxford: Oxford University Press, 1999.

[3] HEATH T. A History of Greek Mathematics [M].Oxford: Oxford University Press, 1921.

[4] KLINE M. Mathematical Thought from Ancient to Modern Times: vol. 1 [M].Oxford: Oxford University Press, 1972.

[5] LINDBERG D C.The Beginnings of Western Science [M].Chicago: The Univerisity of Chicago Press, 2007.

[6] LLOYD G E R. Early Greek Science: Thales to Aristotle [M].New York: W. W. Norton & Company, 1970.

[7] MASON S. Plato [M].Berkeley: University of California Press, 2010.

[8] PLATO.The Dialogues of Plato [M].Chicago: Encyclopaedia Britannica Inc., 1994.

[9] WEDBERG.A History of Philosophy: vol. 1 [M].Oxford: Oxford University Press, 1982.

2018 年 9 月 14 日

亚里士多德的逻辑[1]

亚里士多德（前 384—前 322）

在我记忆里，由课本而知晓的第一位古希腊先贤是亚里士多德。通过一篇题为"两个铁球同时着地"的小学课文，这位先贤以反面陪衬的方式登了场。也正是由于这篇课文，在很多学生的印象里，亚里士多德恐怕成了守旧及陈年谬误的代名词。

但实际上，"守旧"乃后人之"守"，非亚里士多德之过，与作为探索者和思考者的亚里士多德更是背道而驰。关于这一点，课文的"主角"伽利略·伽利雷（Galileo Galilei）有过精辟的阐述，在《关于两大世界体系的对话》（*Dialogue Concerning the Two Chief World Systems*）一书中这样写道：

你难道怀疑如果亚里士多德看到天空中的这些新发现，他会改变自己的观点，修改自己的著作，拥抱最理智的学说，并抛弃那些弱智到只会悲哀地墨守他说过的每一句话的人吗？……是亚里士多德的追随者而非他本人将权威的皇冠强加给了他。

---

[1] 本文曾发表于《Newton 科学世界》2018 年第 12 期（科学出版社出版）。

我时常感到困惑，为什么那些墨守亚里士多德每一句话的刻板支持者们会意识不到他们对亚里士多德的信誉与声望构成了多大的妨碍，以及他们是如何越想加强他的权威，实际上却越有损这种权威。

至于"陈年谬误"，这虽是先贤在遥远后代眼里难免会披上的色彩，对亚里士多德却也是极大的低估。作为一位百科全书式的人物，亚里士多德涉猎的领域几乎遍及了当时乃至后来很长时间内存在过的全部学科——不分科学和人文。他的著作虽有相当比例的逸失，留存的部分也已跟柏拉图的一样，哪怕用今天的标准来衡量也称得上卷帙浩繁①。但跟多数先贤的学说——尤其是跟数学和科学有交集的学说——往往只在开风气之先的意义上影响后世（亚里士多德对后世无疑也有这种意义上的巨大影响）不同，亚里士多德却有一项学说被沿袭和讲授了两千多年，甚至直到今天也只是被超越而非推翻。以时间的延绵而论，这样的成就只有古希腊的原子论可以比拟，但跟后者的屹立不倒在很长的时间里只具抽象意义不同，亚里士多德的这项学说是很多哲学家乃至普通人的日常所需，具有极大的现实价值。

这项学说就是亚里士多德的逻辑。

逻辑是很难确定发现者的，因为就连普通人也会使用简单逻辑。然而普通人对逻辑的使用是直觉的，亚里士多德却对逻辑作出了系统分析。这种在貌似寻常的地方洞见真知是了不起的能力，因为这一缘故，亚里士多德被尊为了逻辑之父（对他来说，这只是若干个"之父"头衔中的一个）。

亚里士多德的逻辑很大程度上来自数学。在亚里士多德著作中，数学未付专书，但分量及影响不容低估。比如他对数学和科学相互关系的看法与现代相近，视前者为针对后者之抽象性质的研究；比如他对公设（postulate）和公理（common

---

① 在亚里士多德著作中有不少被认为是讲课提纲，他因而称得上是最早的教科书作者。此外，亚里士多德的某些著作很可能是学生的听课笔记，或后人据二手资料整理所成，这不仅在一定程度上拉低了亚里士多德著作的水准，使其风格偏于乏味及重复累赘，而且还使亚里士多德观点的归属带有一定的模糊性。另外值得一提的是，有研究者认为，柏拉图和亚里士多德在哲学史上的地位如此重要，跟两人的著作流传度超高不无关系。

notion）做出了区分①；比如他指出了存在性并不从属于定义，而需单独证明（这一点哪怕现代人也时常失察）；比如他对矛盾律（law of contradiction）和排中律（law of excluded middle）做出了阐述……这些都在很大程度上被欧几里得所继承，从而使亚里士多德对公理化的影响远大于柏拉图，而且具体得多。

不过，亚里士多德的逻辑虽来自数学，而且时常用数学例子加以阐释，其地位却是超然于数学的。跟柏拉图视数学为不依赖经验的永恒存在不同，亚里士多德视逻辑先于数学，视数学真理的确立须以逻辑推理为工具——亚里士多德的逻辑论述早年被称为"工具论"（organon），也在一定程度上体现了这种认识②。

在亚里士多德的逻辑中，成就最大的是对三段论（syllogism）的研究。为了对亚里士多德的逻辑——尤其是它令人钦佩的系统性——有所了解，在本文中，我们将对三段论作一个略带"技术性细节"的介绍——希望我的21世纪读者不至于被本质上是公元前的"技术性细节"吓跑。

首先，三段论顾名思义，是由三个命题（proposition）组成的逻辑推理形式，这三个命题被称为大前提（major premise）、小前提（minor premise）和结论（conclusion）。亚里士多德三段论中的命题不是任意的，而是每个命题都具有四种形式之一，分别为：所有 X 都是 Y，记为 XaY；所有 X 都不是 Y，记为 XeY；某些 X 是 Y，记为 XiY；某些 X 不是 Y，记为 XoY③。别小看这个并不复杂的分类，在逻辑发展史上，将 X 和 Y 这样的变量（variable）引进逻辑是一个非同小可的进展，类似于数学中由算术到代数的演进。为简洁起见，我们将这四种形式统一表示为 $X◊Y$，其中 $◊$ 代表 a、e、i、o 这四个所谓"函子"（functor）之一。

---

① 具体地说，亚里士多德的"公设"是指单一学科（比如几何）独有的"真理"，"公理"则是适用于所有科学的"真理"。这两者都被欧几里得所沿袭，在现代数学公理体系中则已不再分列，而被统称为"公理"（axiom）。

② 在后来的漫长历史中，"工具论""辩证法"（dialectic）及"逻辑"（logic）这三个词曾长时间竞争逻辑领域的"冠名"，直到17世纪才开始由"逻辑"一词显著胜出。

③ 由这四种形式可以看出，逻辑通俗读物最爱采用的三段论例子"所有人都会死；苏格拉底是人；因此苏格拉底会死"其实并不妥帖，因为其中的"苏格拉底"是单称（singular）词项，三段论命题中的词项则是全称（universal）词项如"所有 X"，或特称（particular）词项如"某些 X"。当然，单称词项可视为全称词项或特称词项之特例，虽不妥帖亦可说通。

其次，三段论作为一种逻辑推理形式，它的三个命题必须存在关联，这种关联体现为三个命题两两共享一个变量，比如大前提 $M\Diamond P$，小前提 $S\Diamond M$，结论 $S\Diamond P$ 就符合关联要求，因为大前提与小前提共享变量 M，大前提与结论共享变量 P，小前提与结论共享变量 S。不过，对于结论为 $S\Diamond P$ 的三段论来说，符合关联要求的三段论不是唯一的，而是依据大小前提中变量顺序的不同可以有以下四种形式——被称为四种格（figure）：

	第一格	第二格	第三格	第四格
大前提	$M\Diamond P$	$P\Diamond M$	$M\Diamond P$	$P\Diamond M$
小前提	$S\Diamond M$	$S\Diamond M$	$M\Diamond S$	$M\Diamond S$
结论	$S\Diamond P$	$S\Diamond P$	$S\Diamond P$	$S\Diamond P$

对于每种形式——即每一格——的三段论，由于每个 $\Diamond$ 代表 a、e、i、o 四者之一，因此我们可以将大前提、小前提和结论中的 $\Diamond$ 所代表的字母按顺序排在一起表示具体的三段论。比如第一格的 aaa 表示大前提是"所有 M 都是 P"（MaP），小前提是"所有 S 都是 M"（SaM），结论是"所有 S 都是 P"（SaP）的三段论。

三段论总共有多少种呢？我们可以计算一下：对每一格，由于每个 $\Diamond$ 代表 a、e、i、o 四者之一，因此将大前提、小前提、结论中的 $\Diamond$ 替换成 a、e、i、o 四者之一共有 $4\times 4\times 4=64$ 种方式。将四个格合计起来，则是 $64\times 4=256$ 种。因此三段论总共有 256 种。

在 256 种三段论中，绝大多数是无效推理（感兴趣的读者不妨随便挑几个核验一下），剩下的又有若干是虽然有效却没有价值的弱推理。比如 aai 是有效推理，但跟 aaa 相比，大前提和小前提都相同，结论"某些 S 是 P"（SiP）却弱于后者的结论"所有 S 都是 P"（SaP），因而是没有价值的弱推理。将这些都去掉，真正的有效推理有多少呢？只有以下 15 种[①]：

第一格	第二格	第三格	第四格
aaa, eae, aii, eio	eae, aee, eio, aoo	iai, aii, oao, eio	aee, iai, eio

这就是三段论的基本情况——当然，是现代转述。那么，亚里士多德的三段

[①] 所谓三段论的有效，指的是如果大小前提都成立，结论一定成立——或者用亚里士多德自己的话说，是"某些事情被确立，某件与之不同的事情将因之而必然确立"。

论与之相比有什么差别呢？主要在于两点：一是在分类中没有列出第四格，二是包含了两个无效推理。

但这两点都有一些开脱理由。

拿分类来说，虽然很多逻辑学家认为亚里士多德有意排斥第四格，但也有逻辑学家——比如波兰逻辑学家扬·卢卡西维茨（Jan Łukasiewicz）——认为亚里士多德是承认第四格的，只是因有关分类的文字成书在先才导致了遗漏。如果说这是死无对证，那么另一种开脱则不无道理，那就是：三段论并非全都独立，而是可用某些等价关系相互约化的。比如大前提与小前提的顺序对换是等价的，XeY 与 YeX，XiY 与 YiX 也分别是等价的，等等。利用这些等价关系，有效三段论的数量可大幅约化，第四格则可被完全消除，所谓"排斥第四格"也就未必是问题了。

至于两个无效推理，指的是第三格中的 aai 和 eao 被亚里士多德视为有效，其实是无效的。比如以 aai 为例，它是从"所有 M 都是 P"和"所有 M 都是 S"推出"某些 S 是 P"。若以 M 表示"三只脚的鸡"，P 表示"三只脚的"，S 表示"鸡"，该推理意味着从"所有三只脚的鸡都是三只脚的"和"所有三只脚的鸡都是鸡"推出"某些鸡是三只脚的"，结论错误，故而是无效推理。但可作开脱的是：这种无效推理是微妙的，因为它是前提中的 M 所表示的东西不存在造成的，只要 M 所表示的东西存在，推理就有效。这种三段论如今被称为"有条件有效式"（conditionally valid form），因前提中的 M 所表示的东西不存在造成的谬误则被称为"存在谬误"（existential fallacy）。这种微妙性直到两千多年后的 19 世纪，随着逻辑因英国数学家乔治·布尔（George Boole）等人的研究而取得新进展之后，才得以澄清。在那之前，亚里士多德的逻辑以近乎完美的姿态统治了整个逻辑——且这种统治不像他的某些其他著述那样系后人之盲从，而是确实难在他的"百尺竿头"上更进一步[①]。德国哲学家伊曼努尔·康德（Immanuel Kant）在《纯粹理性批判》（Critique of Pure Reason）一书的第二版序言中就曾表示，"逻辑……自亚里士多德之后连一步都未能前行，因而从各方面看来都已终结"——"终结"

[①] 当然，站在现代逻辑的高度回望亚里士多德的逻辑，它的局限性其实在极普通的推理中都能遇到，比如"马是一种动物，因此马的头是一种动物的头"这样的推理就不属于三段论——这是英国哲学家伯特兰·罗素所举的例子。

云云虽是典型的哲学式滥调，但可以不夸张地说，亚里士多德时代从未有其他先贤在任何领域的技术性层面上如此系统地逼近现代研究。

亚里士多德对后世的影响当然远不限于逻辑领域（因此会随时"客串"到今后的随笔里）。比如他虽是柏拉图的学生，却"吾爱吾师，吾尤爱真理"①，对柏拉图那本质上超自然的理念论不以为然，从而极大地提升了自然科学的地位；比如他关于数学和科学的种种看法与柏拉图的科学哲学并列为了科学哲学的源头之一。不过，亚里士多德对自然现象远比对包括实验在内的人为现象更感兴趣，这使很多追随者走上了重观测轻实验的道路，对后世的科学发展产生了长期负面影响——当然，这与其说是亚里士多德之过，不如说是追随者的盲从所致。

参考文献

[1] BARNES J, SCHOFIELD M, SORABJI R. Articles on Aristotle: 1. Science [M].London: Duckworth, 1975.

[2] DEVLIN K. Mathematical: The Science of Patterns [M].New York: Scientific American Library, 1994.

[3] GALILEO G.Dialogue Concerning the Two Chief World Systems [M].New York: Modern Library, 2001.

[4] KLINE M.Mathematical Thought from Ancient to Modern Times, vol. 1 [M].Oxford: Oxford University Press, 1972.

[5] KNEEBONE G T. Mathematical Logic and the Foundations of Mathematics [M].Mineola: Dover Publications, Inc., 2001.

[6] LLOYD G E R.Greek Science after Aristotle [M].New York: W. W. Norton & Company, 1973.

[7] ŁUKASIEWICZ J. Aristotle's Syllogistic: From the Standpoint of Modern Formal Logic [M]. Oxford: Oxford University Press, 1957.

[8] RUSSELL B. Wisdom of the West [M].New Orleans: Crescent Books, 1989.

[9] SCHOLZ H. Concise History of Logic [M].New York: Philosophical Library, Inc., 1961.

2018 年 10 月 17 日

---

① 这句常被视为亚里士多德语录的名言在亚里士多德的文字中并无严格对应。

欧几里得与《几何原本》[①]

上 篇

欧几里得（公元前4世纪中叶—公元前3世纪中叶）

在介绍柏拉图时，我们曾经说过，"虽著作广为流传，我们对柏拉图的生平却知之甚少"，这一特点在柏拉图那里只是稍带戏剧性，到欧几里得这里则堪称达到了极致。用"知之甚少"已不足以形容我们对这位留下《几何原本》（The Elements）及其他数种著作，被尊为"几何之父"的伟大先贤的生平了解之贫乏。著名的《科学传记词典》（Dictionary of Scientific Biography）在"欧几里得"词条的开篇这样写道：

> 尽管欧几里得是有史以来最著名的数学家，其名字成为"几何"的代名词直至20世纪，关于其生平却只有两件事是已知的——甚至连这些也并非全无争议：一件是他居于柏拉图（卒于公元前347年）的学生与阿基米德（生于公元前287年）之间；另一件是他曾在亚历山大港（Alexandria）教过书。

[①] 本文曾发表于《Newton科学世界》2019年第1、2、3期（科学出版社出版），以及2019年第3期的《数学文化》。

这段文字所述第一件事的资料来源是公元 5 世纪的希腊哲学家普罗克洛斯，跟欧几里得相隔 700 多年，在历史记录不健全且损毁频繁的古代，仅此一点就可导致可信度上的"并非全无争议"。此外，这段文字虽给出了两个年份——柏拉图的去世年份和阿基米德的出生年份，却并不能理解为欧几里得的生活年代恰好居于两者之间，因为文字本身说的是"居于柏拉图的学生与阿基米德之间"。其中"柏拉图的学生"是一个很模糊的群体，作为一个时间段的起点并无确切含义，跟柏拉图的去世年份亦无确切关联。而阿基米德之所以出现在对欧几里得生活年代的界定中，乃是因为他在《论球和圆柱》(*On the Sphere and the Cylinder*) 一书中提到过《几何原本》，但这只能说明《几何原本》成书于《论球和圆柱》之前，并不足以在欧几里得的生活年代与阿基米德的出生年份之间建立确切关联。

至于第二件事——即欧几里得曾在亚历山大港教过书，资料来源主要有两处：一处是公元 4 世纪的希腊数学家帕普斯（Pappus）称古希腊几何学家阿波罗尼奥斯（Apollonius）曾在亚历山大港跟欧几里得的学生学习过很长时间——这其实只意味着欧几里得的学生曾在亚历山大港教过书，并不等同于欧几里得本人在亚历山大港教过书；另一处则是普罗克洛斯提到过托勒密一世（Ptolemy I）跟欧几里得的一段广为流传的对话，前者问学习几何有无捷径，欧几里得答曰"在几何中没有'御道'（royal road）"。由于托勒密一世的都城是亚历山大港，对话被认为发生在亚历山大港——但这虽能说明欧几里得是当时亚历山大港的知名几何学家，却也并不等同于在亚历山大港教过书。因此这件事也"并非全无争议"。

对欧几里得的生平了解之贫乏的另一个例证，是这位"几何之父"在去世后的很长一段时间里，被混淆成了古希腊墨伽拉学派（Megarian school）的一位哲学家。这位如今被称为"墨伽拉的欧几里得"（Euclid of Megara）的哲学家比欧几里得早了约一个世纪。而待到欧洲因基督教的崛起而沉沦，希腊科学和哲学的部分成果被转移到阿拉伯世界时，欧几里得的生平又叠加上了阿拉伯版本，甚至一度变成了阿拉伯人[①]。

[①] 就像中国有"西学东源"的盲目自大，阿拉伯世界在继承希腊科学和哲学的部分成果时，有时也爱将希腊先贤扣上阿拉伯帽子。

对欧几里得的生平了解为何会如此贫乏？在两千多年后的今天恐已很难得到确凿回答了，有一种猜测认为欧几里得是历史上最早的科学专才之一，将精力完全投入了数学之中，从不参与任何政治性或事务性的活动，而后两者是那个时代的人物青史留名的重要渠道，因而欧几里得几乎是"自绝"于历史。著名美籍比利时裔现代科学史学家、科学史作为一门现代学科的创始人乔治·萨顿（George Sarton）曾经感慨道，对欧几里得以及其他某些先贤生平的这种无知"是寻常而非例外的，人们记住了暴君和独裁者、成功的政治人物、富豪（起码一部分富豪），却忘记了自己最大的恩人"。

鉴于对欧几里得生平了解的这种贫乏，史学家们利用语言的模糊性给出的流行说法是：欧几里得的全盛时期在公元前300年左右，这个年份也大致被认为是欧几里得最著名的著作——《几何原本》——的成书年份。

《几何原本》是经受时光洗礼流传至今的最早的数学专著之一，不过也被一些人视为若干更早的数学专著失传的"罪魁祸首"，因为在题材上被《几何原本》涵盖到的数学专著在跟这部伟大著作竞争时，大都落败陨灭了——而且更"糟糕"的是，如我们在后文将会看到的，《几何原本》在题材上的涵盖面偏偏是相当广的，并不限于几何。

不过，《几何原本》本身的流传也绝非一帆风顺。《几何原本》成书后，许多知名或不知名的古代学者对其进行了评注和编辑，这些评注和编辑虽对《几何原本》的流传功不可没，但因毫无版本、版权及文责意识，对原文的干扰也是巨大的，由此产生了诸多版本。其中一度流传最广的版本出自公元4世纪的希腊数学家赛翁（Theon）[①]，在长达千年以上的时间里成了《几何原本》的标准版本。赛翁的版本先是被译成阿拉伯文，对阿拉伯数学的发展产生了巨大影响，后又由阿拉伯文转译成拉丁文，传回欧洲。但彼时的欧洲正处于基督教统治下的中世纪，"夜正长，路也正长"，《几何原本》以被剥去了证明的所谓"简写本"为主的形式，如没有血肉的骷髅般流传着，欧几里得则几乎被"忘却"。直到16世纪，才终于有了直

---

① 赛翁——不是"塞翁失马"里的"塞翁"——此人现代读者大约已不太熟悉，但知道他女儿希帕蒂娅（Hypatia）的数学爱好者应该不少。

接译自希腊文的拉丁文版和英文版。但直到18世纪，所有版本都直接间接地源自"赛翁版"，其中包含了赛翁所做的许多修改。

在赛翁所做的修改中，关键性的一个出现在第6卷的命题33——之所以关键，并非内容重要，而是因为对这个命题，赛翁破例说明了修改的范围——即命题的后半部分是他添加的[①]。

这个小小的细节对《几何原本》的版本研究产生了巨大影响。

那影响始于1808年。那一年，法国数学家兼图书管理员弗朗索瓦·佩拉尔（François Peyrard）在梵蒂冈图书馆发现了一份《几何原本》的希腊文手稿。该手稿是公元10世纪的，单以时间而论比赛翁的时代更晚，然而重要的是，手稿中第6卷的命题33未包含赛翁添加的后半部分，从而显示出它是对一个比"赛翁版"更早的希腊文版本的抄本。由于所抄的版本离欧几里得时代比"赛翁版"更近，这份手稿的重要性立刻得到了确立，成为后世研究者整理《几何原本》，追索尽可能接近原始的版本时最重要的母本，也是如今的流行译本——比如著名希腊数学史专家托马斯·希斯（Thomas Heath）的译本——的根基所在。当然，既为抄本，各种讹误在所难免，其他版本的参考作用亦不容抹杀。《几何原本》的版本整理和追索是一项相当复杂的工作，须做很多辨析——当然也有很多趣味。

对尽可能接近原始的版本的追索也从一个侧面显示了欧几里得的厉害：因为追索所得的"欧几里得版"与包括"赛翁版"在内的若干其他版本的相互比对，显示出了后者的诸多缺陷，比如引进了不必要的公设（postulate），忽视了必要的公理（common notion），等等。赛翁等人就像如今那些篡改金庸武侠的导演和编剧一样，虽有传播之功，却并没有与原作者同等的造诣，从而产生出的是更差而不是更好的版本。

不过，虽然欧几里得与《几何原本》在数学史上享有崇高地位，但由于我们对欧几里得的生平了解高度贫乏，加之先前的数学专著多有失传，史学界对欧几

[①] 这个命题的前半部分是"在等圆中，角与所对的弧长成比例，无论其顶点在圆心还是圆周"（用现代读者熟悉的术语来说，就是圆心角和圆周角都与所对的弧长成比例）。赛翁添加——在现代译本中已被删除——的后半部分则是指出了以圆心为顶点的扇形也如此。

里得本人在《几何原本》中的贡献究竟有多大一直存有争议。往广泛了说，这种争议不仅针对欧几里得，也涉及著作流传相对完整的柏拉图、亚里士多德等人，因为漫长的时光抹去了大量线索，使我们很难用足够确凿的方式判定他们在原创与继承之间的比例分配。比如上文提到过的美籍比利时裔科学史学家萨顿就对很多先贤的"……之父"头衔存有疑虑——其中也包括了对欧几里得"几何之父"头衔的疑虑。瑞典哲学家安德斯·韦德伯格（Anders Wedberg）在其三卷本的《哲学史》（*A History of Philosophy*）的开篇也曾表示，那些被我们视为伟大原创者的哲学家有可能只是记叙先辈成果的有天赋的表述者。

然而细节虽有争议，欧几里得作为古希腊大数学家的身份是不成问题的，普罗克洛斯曾评价道，《几何原本》的内容虽部分来自前人，但欧几里得将很多不严格的证明纳入了严整有序、无可怀疑的框架。从数学史的角度讲，这一评价是中肯的，《几何原本》的重要性与其说是罗列了大量旧定理或证明了若干新定理，不如说是示范了公理化体系的巨大威力，将数学证明的严密性推上了前所未有的高度。从这一角度讲，欧几里得与《几何原本》所享的盛誉是实至名归的。很多距离欧几里得时代不太遥远的古代学者也对《几何原本》做出了很高评价，而欧几里得除《几何原本》之外流传于世的其他著作也显示出了跟那样的评价相称的水准。

中　篇

《几何原本》的首个英译本

前文主要介绍了我们对欧几里得的了解——或许只是在"不了解"也是一种了解的悖论意味上，以及《几何原本》的流传及版本沿革，接下来让我们对《几何原本》本身略作介绍。

作为一部示范了公理化体系巨大威力的著作，《几何原本》一开篇——即第 1 卷——就展开公理体系，不带一个字的多余铺垫，直接就列出了 23 个定义，5 条公设和 5 条公理。这是迥异于柏拉图和亚里士多德的，乃至迥异于一切哲学著作的风格。

不过，风格虽异，《几何原本》对公理和公设的区分跟亚里士多德的著作是明显相似的，即公设是指单一学科——对《几何原本》而言是几何——独有的"真理"，公理则是适用于所有科学的"真理"。不仅如此，《几何原本》中的某些定义和公理本身在亚里士多德著作中也能找到相同或相似的。比如关于点、线、面的定义（即定义 1、定义 2、定义 5——顺便说一下，凡给出定义、公理、公设的序号而未指明第几卷的都是指第 1 卷，下同），亚里士多德也曾给出过；"等量减等量仍是等量"这一公理（公理 3）亦是如此。亚里士多德并且明确指出，并非所有真命题皆可被证明，必须将某些明显为真却无法证明的命题作为推理的起点，这是公理和公设的起源，也是其之所以必要的根本原因。一般认为，亚里士多德的这些观点对欧几里得是有一定影响的。不过，亚里士多德虽对公理和公设做出过区分，却不曾对具体的——即几何领域的——公设做过论述，《几何原本》所列的公设也因此被某些研究者，比如前文提到过的希腊数学史专家希斯，视为欧几里得的原创[1]。

在《几何原本》所列的公设中，包含了像"所有直角彼此相等"（公设 4）那样普通人根本不会想到要列出的命题，这种极易被默认的命题乃是严密推理的大敌，将之识别出来则不仅别具只眼，而且是构建公理体系的必需——当然，具体到这个特定命题，它是否有必要提升为公设是可以商榷且往往没有唯一答案的[2]，但不视之为想当然本身就已非常了得。至于大名鼎鼎的"第五公设"（公设 5）则自然更是了得，足可写出整本书的故事来，就不在这里赘述了——不久之后会有单独介绍。

除公理和公设外，定义也是《几何原本》所构建的公理体系的组成部分。不过，《几何原本》所列的定义用现代公理体系的要求来衡量，只是一种形象化的努力，提供的是直观理解，作为教学说明不无价值，细究起来却往往会陷入逻辑困境——之所以如此，其实跟并非所有真命题皆可被证明相类似，因为对一个概念的定义势必会用到其他概念，就像对一个命题的证明势必会用到其他命题一样。原因既然类似，解决方法其实也就呼之欲出了，那就是必须引进一些不加定义的概念，就像必须引进不加证明的公理和公设一样，这也正是现代公理体系所走的

---

[1] 不过考虑到欧几里得之前的数学著作多有失传，仅凭亚里士多德不曾对具体公设做过论述，就将公设视为欧几里得的原创似嫌草率。

[2] 比如在德国数学家大卫·希尔伯特给出的"现代版"的几何公理体系中，"所有直角彼此相等"这一命题就只是一个定理而不再是公设。

路子。在现代公理体系中，基本概念是不加定义的，对其的全部限定来自公理体系本身（当然，现代公理体系也并不排斥定义，但那通常是针对次级概念，所起的作用则是简化叙述）。《几何原本》没有走这样的路子，有可能是欧几里得没有意识到形象化定义的缺陷，但也不排除是出于教学考虑。事实上，关于《几何原本》的一个有趣但没有答案的问题乃是：它究竟是欧几里得写给同行的学术专著，还是写给学生的授课讲义？倘是后者，则对概念做一些逻辑上虽非无懈可击，但有助于直观理解的形象化描述不失为有益的选择。

关于《几何原本》里的定义，还可补充的一点是：那些定义中的一部分在现代公理体系中虽已不再需要，本身倒也不乏亮点或有趣之处。比如直线的定义（定义 4），即"直线是对其上所有的点均匀的线"（A straight line is a line which lies evenly with the points on itself），有一种用对称性定义概念的意味（作为若干种解读之一）。当然，由于"均匀"一词或其所隐含的对称性本身没有明确定义，这种定义也是经不起细究的，比如圆似乎也可套用这种"对其上所有的点均匀"的特性。这种语言层面的模糊性，或者用希斯的话说是"毫无希望的模糊性"，给后人解读这一定义造成了很大麻烦，产生了颇多争议，这种争议所体现的也正是形象化定义的缺陷。

在《几何原本》所构建的公理体系中，另一个可圈可点之处是对定义与存在性做出了一定程度的区分，从而避免了视所定义的概念为自动存在这一并非显而易见的错误。比如直线、圆、等边三角形和正方形都出现在第 1 卷的定义中（定义 4、定义 15、定义 20、定义 22），其存在性却未被视作不言而喻，而是分别由"在任意两点之间可作一直线"（公设 1），"以任意中心及任意距离（为半径）可作一圆"（公设 3），"以给定线段（为边）可作一等边三角形"（命题 1），以及"以给定线段（为边）可作一正方形"（命题 46）所给出。不过对定义与存在性的区分虽然连现代人也时常会稀里糊涂，历史却相当悠久，可回溯到欧几里得之前，从而并非欧几里得的独创。事实上，芝诺的悖论给人的一个重大启示便是：哪怕最直观的概念，其存在性也并非不言而喻。自那以后，对定义与存在性的区分就引起了像柏拉图和亚里士多德那样的先贤的注意，比如亚里士多德在《后分析篇》

（*Posterior Analytics*）中就明确表示，定义一个客体不等于宣告它的存在，后者必须予以证明或作为假设。欧几里得的命题 1 和命题 46 属于对存在性予以证明，公设 1 和公设 3 则系将存在性作为假设，都可纳入亚里士多德的阐述。

说到对定义与存在性的区分，还有一点值得补充，那就是欧几里得对存在性的很多证明是所谓的"构造性证明"（constructive proof），也就是通过直接给出构造方法来证明存在性。在数学中，这是最强有力，从而也最没有争议的存在性证明。相比之下，不给出构造方法，只凭借逻辑的存在性证明在某些数学家眼里就没那么可靠，甚至会遭到一本正经的排斥[①]。

《几何原本》是一部大书，总计有 13 卷[②]。其中被读得最多也谈论得最多的第 1 卷是纯几何的，全书所用的公理和公设皆罗列于此（定义则不仅第 1 卷有，第 2~7 卷和第 10~11 卷也有）。不过纵览全书而论，《几何原本》其实并非只是一部几何著作——起码以对数学分支的现代分类观之并非如此。事实上，《几何原本》中的"几何"一词有可能是后人添加的——比如 1570 年出版的第一个英文版名为 The Elements of Geometry（可译为《几何原理》或《几何基础》），1607 年出版的前 6 卷的中文版名为《几何原本》[③]。但该书的希腊文书名"Στοιχεῖα"其实只对应于"elements"[④]，其含义据普罗克洛斯所言，乃是证明之起点，其他定理赖以成立之基础，类似于字母在语言中的作用（这个出自普罗克洛斯本人的比喻颇有双关之意，因为在希腊文里，字母恰好也是"Στοιχεῖα"）。从这一含义来讲，《几何原本》的希腊文书名只对应于"原理"或"基础"，起码在字面上不带"几何"

---

① 这类证明往往用到逻辑上的"排中律"，对之排斥最强烈的则是一个被称为"直觉主义"（intuitionism）的数学哲学流派。
② 对欧几里得生平了解的贫乏也在一定程度上波及了《几何原本》。在相当长的时间里，《几何原本》被认为有 15 卷，但其中的第 14、15 两卷后来被公认为并非出自欧几里得。
③ 不过，出现在该中文版书名里的"几何"一词与"geometry"是否同源，含义是否相同，都不无争议，我们将在介绍《几何原本》与中国的渊源时详述。
④ 这里说明一下，文献中虽普遍以"Στοιχεῖα"作为《几何原本》的希腊文书名，但考虑到后世那些带"几何"一词的书名也常被简称为"原本"，这里似仍有一个"Στοιχεῖα"是简称还是全称的问题。这个问题在我涉猎的文献里不曾见到说明，故在前文中只称"几何"一词"有可能"是后人添加的。

一词。

此外，虽然《几何原本》并非只是一部几何著作，书名中的"几何"一词也有可能系后人添加，这种添加倒也不能算误读，因为《几何原本》的题材虽不限于几何，阐述体系却是几何化的。这体现在两个方面：其一，《几何原本》中的所有公设都是几何公设。依照亚里士多德的界定，公设是属于特定学科的，因此所有公设都是几何公设，意味着《几何原本》针对的"特定学科"乃是几何；其二，《几何原本》虽涉及许多不属于几何的领域，对那些领域的描述却是用了几何语言。比如"数"是用线段长度表示的，代数问题亦是由几何方式表述并求解的。从某种意义上讲，《几何原本》是数学上一个重要思路——数学几何化——的开端[1]，"几何"一词在书名中的出现，乃至欧几里得一度被称为"Ο Γεωμέτρης"（几何学家）[2]，则在一定程度上体现了对这一思路的理解或强调。此外，《几何原本》的希腊文书名虽只对应于"原理"或"基础"，这"原理"或"基础"却是特指几何领域的，比如亚里士多德在《形而上学》一书中就界定"elements"为几何中其他命题所共同依赖的命题。考虑到亚里士多德是一位很可能对欧几里得有过重大影响的先贤，他对"elements"一词的界定很可能意味着"elements"这一书名从一开始就隐含了"几何"之意，而后人将"几何"一词显明化，则或可视为在"elements"一词的本身含义扩张之后对原始含义的回溯。

---

[1] 从历史的角度讲，其实远在欧几里得之前，代数就已被古巴比伦人发展到了不低的水准，欧几里得为什么用几何手段另起炉灶呢？一般认为，一是由于欧几里得对几何更熟悉，对古巴比伦的代数则未必知晓；二是因为古希腊的计数系统过于繁复，以至于几何手段更为简单。
[2] "Ο Γεωμέτρης"对应于英文的"the Geometer"，译成中文是"几何学家"，但这一中文翻译没能译出"the"所体现的含义。在很多时候，英文里这个最朴实无华的"the"比任何花哨的形容更强大，此处就是一个例子，它指的是但凡提到几何学家而不给出名字，就特指欧几里得——或者换句话说，欧几里得是几何学家的代名词。

下　篇

在《几何原本》的煌煌 13 卷中，内容分布大体是这样的：第 1~4 卷主要为平面几何，但间杂了数的理论——比如第 2 卷给出了乘法对加法的分配律等，并求解了若干代数方程；第 5~6 卷为比例理论及相似理论，但同样间杂了数的理论，且其中第 5 卷关于数有很深刻的洞见；第 7~9 卷以对数学分支的现代分类观之，是对几何与数的相对比例的逆转——转入了以数为主的数论范畴，其中包括了对"素数有无穷多个"（第 9 卷命题 20）等重要命题的证明；第 10 卷延续了以数为主的局部"主旋律"，对"不可公度量"（incommensurable）——也就是无理数——做了详细讨论①；第 11~13 卷重返几何，但由平面走向立体，以对包括"柏拉图正多面体"（Plato solid）在内的诸多立体几何话题的探讨结束了全书。

由于前文对《几何原本》的介绍主要集中在几何方面，在余下的篇幅里，我们将改换视角，跟这部恢宏巨著中几何以外的内容做一点"亲密接触"——当然，依然是在概述的层面上。

首先说说上文提到的第 5 卷所间杂的关于数的"很深刻的洞见"。这一卷关于数的介绍，可以说是继毕达哥拉斯学派发现无理数之后，希腊数学在数的理论上的再次推进。这次推进虽未像发现无理数那样发现新类型的数，却具有很高的系统性，加深了关于数的理解，也因此赢得了后世数学家的敬意。比如科学巨匠牛顿的老师艾萨克·巴罗（Isaac Barrow）曾将这一卷所构筑的比例理论称为整部《几何原本》中最精妙的发明，认为"没什么东西比这一比例学说确立得更牢固，处理得更精密"。19 世纪的英国数学家阿瑟·凯莱（Arthur Cayley）也表示"数

---

① 不过值得指出的是，除"不可公度量"外，《几何原本》也定义了"无理数"（irrational）概念，但《几何原本》定义的"无理数"要求在长度和面积上都不可公度，跟我们如今所说的"无理数"很不相同。比如 $\sqrt{2}$ 是我们所说的无理数，也是《几何原本》里的不可公度量，却不是《几何原本》里的无理数——因为以它为边的面积是 2，并非不可公度，从而不满足"无理数"定义。另外需要指出的是，《几何原本》里的"不可公度量"和"无理数"都是相对的，也就是说，是在若干个量互为"不可公度量"或"无理数"的意义上定义的。

学中几乎没什么东西比这本奇妙的第 5 卷更美丽"。

这"奇妙的第 5 卷"究竟美丽在何处呢？我们不妨举一个小小的例子——即这一卷的定义 5——来看。这条定义的字面表述是这样的：对于四个量，"第一个量相对于第二个量与第三个量相对于第四个量被称为有相同比值，如果对第一个量和第三个量取任意相同倍数，对第二个量和第四个量也取任意相同倍数后，前两个量之间若有大于、等于或小于关系，后两个量之间就也有相同关系"。用符号转述的话，这段晦涩文字可以表述为：对 A、B、C、D 四个量，以及任意正整数 m 和 n，如果 $mA>nB$ 意味着 $mC>nD$，$mA=nB$ 意味着 $mC=nD$，$mA<nB$ 意味着 $mC<nD$，则表明 $A/B=C/D$。

为了看出这条定义的含义所在，我们不妨做一个小小的形式变换，将 $mA>nB$ 换成 $n/m<A/B$，将 $mC>nD$ 换成 $n/m<C/D$，依此类推[①]。如此一来，这条定义可进一步表述为：对 A、B、C、D 四个量，以及任意正整数 m 和 n，如果 $n/m>A/B$ 意味着 $n/m>C/D$，$n/m=A/B$ 意味着 $n/m=C/D$，$n/m<A/B$ 意味着 $n/m<C/D$，则表明 $A/B=C/D$。由于 m 和 n 是任意正整数，因此 n/m 可表示任意有理数，上述定义则意味着 $A/B=C/D$ 是通过两者与任意有理数具有相同的大小关系来定义的——或者反过来说，可以通过跟全体有理数之间的大小关系来定义（唯一的）数。

熟悉现代分析的读者也许看出来了，上述定义的基本精神跟 19 世纪后期由德国数学家理查德·戴德金（Richard Dedekind）提出的用所谓"戴德金分割"（Dedekind cut）来定义实数的做法是完全类似的，因为后者正是通过与全体有理数的大小关系来定义实数的。事实上，这两种定义确实是彼此等价的——用希腊数学史专家希斯的话说，"在欧几里得对相同比值的定义与戴德金的现代无理数理论之间存在着几乎巧合般的严格对应"。这个跨越两千多年时光的"严格对应"正是《几何原本》第 5 卷所间杂的关于数的"很深刻的洞见"，那样的洞见当然

---

① 这里假定了 A、B、C、D 都是正的，对于《几何原本》的第 5 卷来说这是没问题的——因为所有的量都是线段长度，从而必定是正的。

是美丽的——智慧上的美丽①。

《几何原本》中的数的理论在第 7~9 卷得到了进一步发展。这几卷被科学史学家萨顿称为"第一部数论专著"（first treatise on the theory of number）。从这个意义上讲，欧几里得不仅是最著名的几何学家，也是第一部数论专著的作者，堪称"通吃"了当时的数学领域。不过关于《几何原本》中的数，有一个微妙之处值得一提，那就是《几何原本》对"数"（number）和"量"（magnitude）做了一个如今看来并无必要的区分，其中"量"本质上是线段长度，可以表示无理数②，"数"则由单位长度积聚而成，本质上是整数，相互间的比值则是有理数。这种区分造成了一定的繁琐性，比如"数"的比值与"量"的比值本该是统一的，《几何原本》中的定义——前者为第 7 卷定义 20，后者为第 5 卷定义 5——却很不相同，给后世的诠释者带来过不小的困扰，可以说是《几何原本》的一个缺陷。

在《几何原本》对"数"和"量"的区分下，我们统称为数的东西在《几何原本》的第 5 卷指的是"量"，第 7~9 卷指的是"数"，第 10 卷指的又是"量"——不过名分虽异，处理手段却都是几何的。这种几何手段起码在欧几里得时代有一个巨大优点，就是能很方便地处理当时还不无争议的无理数及其运算，这种处理构成了第 10 卷的主要内容。

与其他各卷相较，《几何原本》的第 10 卷是命题最多的，共有 115 个命题，约占全书命题总数的 1/4。在这些命题中，很值得一提的是命题 1，即"给定两个不相等的量，若从较大的量中减去一个大于其一半的量，再从余量中减去大于其一半的量，如此连续进行，则必能得到一个比较小的量更小的量。"由于"较小的量"是任意的，因此由这一命题所得到的是任意小的量，这是所谓"穷竭法"

---

① 当然，史学界关于欧几里得本人对第 5 卷的贡献有多大，就如对他在整部《几何原本》中的贡献有多大一样，是有争议的。比如有一种看法认为这一卷的很多内容来自公元前 4 世纪的古希腊数学家欧多克索斯，从而不能完全归功于欧几里得。不过最起码，欧几里得在构筑这一卷的逻辑框架上的贡献就如他对整部《几何原本》的此类贡献一样，是得到公认的。
② 不过由于《几何原本》中的线段往往是通过所谓"尺规作图"（ruler-and-compass construction）的方法得到的，其对无理数的表示能力是有限的。困扰数学界达两千多年的"尺规作图三大难题"便跟这种表示能力的有限有关，这是后话。

（method of exhaustion）的基础，在一定程度上也是微积分思想的萌芽。"穷竭法"后来被阿基米德用于计算很多形体的面积和体积，欧几里得本人也在《几何原本》的第 12 卷中用它证明了一系列重要命题，比如圆的面积正比于直径的平方，球的体积正比于直径的立方，圆锥的体积是与它同底等高的圆柱体积的 1/3，等等①，是《几何原本》的重要亮点之一。

关于欧几里得与《几何原本》的概述就到这里告一段落。在之后两千多年的时间里，几乎可以这么说：几何就是欧几里得几何，甚至就是《几何原本》——正如 19 世纪的英国数学家奥古斯塔斯·德·摩根（Augustus De Morgan）所言："从来不曾有过，并且在亲眼见到之前我们也绝不该相信，会有任何值得一提的几何体系，包含任何与欧几里得所定方案有偏差的材料"。以时间的延绵而论，欧几里得的《几何原本》可以跟此前的古希腊原子论及亚里士多德的逻辑鼎足而立，以体系的恢宏而论，则远远超过了亚里士多德的逻辑，更绝非在很长时间里只具抽象意义的古希腊原子论可比。

阿尔伯特·爱因斯坦（Albert Einstein）曾经盛赞欧几里得几何，表示，"在那里，世界第一次目睹了一个逻辑体系的奇迹，这个逻辑体系的步步推进是如此精密，使得它的每个命题都绝对无可置疑"。这"第一次目睹"给世界留下的印象是如此深刻，以至于《几何原本》成为一个巨大典范，小到以诸如"证毕"（ὅπερ ἔδει δεῖξαι，其拉丁文缩写是如今几乎每个中学生都熟悉的 Q.E.D.）表示证明结束的习惯，大到以公理化体系作为理论构筑和表述的基本手段，都被广泛模仿。在《几何原本》的模仿者中，包括了科学家——比如牛顿、哲学家——比如伊曼努尔·康德、神学家——比如托马斯·阿奎纳（St. Thomas Aquinas），等等。至于数学家，则不仅仅是模仿者，而且早已程度不等地习惯了以公理化手段为数学理论的"标配"。

除这种领域性的影响外，《几何原本》及其后继作品还对许多著名学人的个

---

① 以证明圆的面积正比于直径的平方为例，欧几里得的证明思路是首先引进圆的内接正方形，证明其面积超过圆面积的一半，然后对正方形四边与圆弧所围的四块弓形的每块引进内接等腰三角形，证明其面积超过弓形面积的一半，如此连续进行，便可由第 10 卷命题 1 推知剩余面积将变得任意小——也就是圆面积被"穷竭"了。至于所要证明的面积正比于直径的平方，则可转化为对所涉及的内接正方形和三角形的面积正比于直径的平方的证明。

人成长起到了近乎"第一推动力"的作用。比如爱因斯坦在晚年自述中回忆道:"12岁时,我经历了另一种性质完全不同的惊奇:是在一个学年开始时,我得到一本关于欧几里得平面几何的小书时经历的。那本书里有许多断言,比如三角形的三条高交于一点,虽然一点也不显而易见,却可以如此确定地加以证明,以至于任何怀疑都似乎是不可能的。这种明晰性和确定性给我留下了难以形容的印象。"

英国哲学家伯特兰·罗素也在自传中回忆道:"11岁时,我开始在哥哥的指导下学习欧几里得,这是我一生最重大的事件之一。我从未想到过世上竟有如此有滋味的东西。当我学了第五个命题之后,哥哥告诉我那被普遍认为是困难的,但我却一点也没觉得困难。这是我第一次意识到我也许有一些智慧。"①

所有这些领域性或个人性的影响,都无可撼动地奠定了欧几里得与《几何原本》在数学史乃至科学史上的地位。可以毫不夸张地说,哪怕《几何原本》的所有内容都出自前人,将之整理成如此严整有序、恢宏深邃的逻辑体系——这被史学界公认为是欧几里得的贡献——也足以使欧几里得成为数学史乃至科学史上最伟大的教师,使《几何原本》成为数学史乃至科学史上最伟大的教科书。

参考文献

[1] Complete Dictionary of Scientific Biography [M].New York: Charles Scribner's Sons, 2008.

[2] CHRISTIANIDIS J. Classics in the History of Greek Mathematics [M].New York: Springer, 2004.

[3] EUCLID.The Thirteen Books of the Elements: 3 vols. [M].Cambridge: Cambridge University Press, 1908.

[4] FRANKLAND W B. The Story of Euclid [M].London: George Newnes Limited, 1902.

[5] HEATH T. A History of Greek Mathematics: vol. 1[M].Oxford: Oxford University Press, 1921.

---

① 如果"学习欧几里得"是指学习《几何原本》,则所谓"第五个命题"(the fifth proposition)该是指第1卷命题5,即"等腰三角形的两个底角相等"。这个命题其实一点也不难,不过在中世纪时,却一度被称为"驴桥"(bridge of asses),也即对愚者而言的难关。"被普遍认为是困难的"大约是那时留下的名声,在很大程度上反映了中世纪思维水准的低下。

[6] KLINE M. Mathematical Thought from Ancient to Modern Times: vol. 1 [M].Oxford: Oxford University Press, 1972.

[7] LLOYD G E R.Greek Science after Aristotle [M].New York: W. W. Norton & Company, 1973.

[8] SARTON G. Hellenistic Science & Culture in the Last Three Centuries B.C. [M].Mineola: Dover Publications, 1959.

[9] WEDBERG.A History of Philosophy: vol. 1 [M].Oxford: Oxford University Press, 1982.

[10] 安国风. 欧几里得在中国 [M]. 南京：凤凰出版传媒集团, 2008.

2019 年 1 月 20 日

第五公设的早期探索[1]

上　篇

细心的读者也许注意到了，在介绍欧几里得与《几何原本》时，有一条也许是整部《几何原本》中最吸引眼球的命题未曾展开说明，那便是大名鼎鼎的"公设5"（Postulate 5）——也即第五公设（The Fifth Postulate）[2]。不过我们曾许诺"不久之后会有单独介绍"，现在就让我们兑现许诺，来介绍一下第五公设及对它的探索。为避免偏离时间顺序太远，我们的介绍将只涵盖早期探索——确切地说，是所谓非欧几何（non-Euclidean geometry）诞生之前的探索。至于非欧几何，则将留作未来话题。

第五公设之引发探索，在一定程度上是拜五条公设的表述繁简之别所赐。为了看清这一点，我们将《几何原本》中的五条公设罗列于此：

1. 在任意两点之间可作一直线。
2. 线段（有限直线）可任意延长。
3. 以任意中心及任意距离（为半径）可作一圆。
4. 所有直角彼此相等。
5. 若一条直线与两条直线相交，且同侧的内角之和小于两直角，则那两条直线任意延长后会在内角之和小于两直角的一侧相交。

---

[1] 本文曾发表于《Newton科学世界》2019年第4、5期（科学出版社出版）。
[2] 《几何原本》是如此著名，以至于在很长的时间里，许多著名命题哪怕已有单独名称，也仍可依据其在《几何原本》中的编排而称呼之。第五公设是最著名的例子——直到今天，就连"公设"一词本身都已被"公理"取代，第五公设依然可跟其单独名称平行公理（axiom of parallels）并用。一个不那么著名的例子则是毕达哥拉斯定理（Pythagorean theorem），在很长的时间里被称为I.47——因为其在《几何原本》中的编排是第1卷的定理47。

既然罗列了公设，那么顺便说明一下，《几何原本》对公设的表述有一些细节上的瑕疵。比如有些隐含之意未被述及。具体地说，公设 1 没有述及在任意两点之间可作的直线是唯一的[①]，公设 2 没有述及线段延长的方式是唯一的，第五公设未述及三条直线位于同一平面这一先决条件。此外，同时使用"直线"（straight line）和"有限直线"（finite straight line）这两个术语，似乎意味着"直线"是无限的，其实却不然——否则就不会有第五公设中"两条直线任意延长"的说法了。

但撇开瑕疵不论，任何读到上述五条公设的人几乎必然会注意到一个特点，那就是：第五公设与前四条公设相比实在太繁复了，简直就像一条定理。虽然从逻辑上讲，公设（以及公理和定义）无非是一个公理体系的推理起点，繁复与否并不妨碍功能，但自古以来，对公设（以及公理）的一个重要判据就是自明性——或者用亚里士多德的话说，必须是明显为真却无法证明的命题[②]，而表述繁复会损及自明性。

第五公设的情形正是如此。

这一点引起了很多后世数学家的批评乃至不满。比如 17 世纪的英国数学家亨利·萨维尔（Henry Savile）和 18 世纪的意大利数学家吉奥瓦尼·塞开里（Giovanni Saccheri）都表示，第五公设是除此之外堪称完美的几何公理体系的唯一瑕疵[③]。

不过，对第五公设的批评或不满虽很普遍，但除了从类似芝诺悖论的角度出发的极个别质疑者外，早期探索者们大都认同第五公设作为命题的正确性，只是对它是否该被列为公设怀有疑虑。比如公元 5 世纪的希腊哲学家普罗克洛斯就表示，第五公设的结论是可信的，只是"应该从公设中剔除出去，因为它是一条困难重重的定理"——这也是几乎所有早期探索者的共同判断。

那么，除表述繁复损及自明性这一泛泛观感外，普罗克洛斯作出这样的判断

[①] 在德国数学家大卫·希尔伯特的"现代版"的几何公理体系中，这层意思得到了直接表述。
[②] 亚里士多德的这一观点可参阅"欧几里得与《几何原本》"的中篇。
[③] 萨维尔生于 1549 年，卒于 1622 年，塞开里生于 1667 年，卒于 1733 年，学术生涯都是"跨世纪"的，此处分别以其中一个世纪称呼之，乃是因所引述的有关第五公设的观点出自他们发表于那个世纪的著作。

有没有更具体的理由呢？答案是肯定的。主要的理由有两条：一是第五公设的逆命题（converse proposition）和否命题（inverse proposition）的表述繁复程度与第五公设相若，却都是定理——前者是命题 17，后者是命题 27 和命题 28[①]；二是普罗克洛斯认为自己能证明第五公设。

普罗克洛斯的这两条理由在早期探索者中有很大的代表性，下面我们就以这两条理由为线索，来介绍一下对第五公设的早期探索。

先说说第一条理由。这条理由是推测性而非证明性的——因为逆命题和否命题跟原命题并不等价，因此即便逆命题和否命题都是定理，也并不能证明原命题也是定理，甚至连原命题是否成立都不能保证。但尽管如此，这种推测性的理由对于引导——或引诱——人们怀疑第五公设的公设地位，进而展开探索却有一定的推动作用。这种推测性的理由除普罗克洛斯给出的这一条外，其他人也提出过。比如很多人注意到了第五公设在《几何原本》中直到证明命题 29 时才被使用，比其他公设的使用晚得多。具体地说，公设 1 和公设 3 在证明命题 1 时就被使用，公设 2 在证明命题 2 时就被使用，公设 4 虽较晚，直到证明命题 14 时才被使用，跟第五公设相比仍早得多。这一情形使很多人猜测欧几里得本人对第五公设的公设地位也有疑虑，因而尽可能延迟了它的使用。

不过若对《几何原本》第 1 卷的命题作更细致的分析，针对所谓"延迟使用"的上述解读就会削弱许多。因为《几何原本》第 1 卷对命题似乎有一定的分类，体现在命题 1 至命题 26 多为关于简单作图及三角形简单性质的命题，直到命题 27 开始才涉及平行线及其性质（此后很快便在证明命题 29 时使用了第五公设）。因此假如欧几里得在命题编排上存在分类方面的考虑，也会造成第五公设被延迟使用的情形，那样的延迟就未必有其他深意。事实上，在称得上现代版《几何原本》的德国数学家大卫·希尔伯特的名著《几何基础》（Foundations of Geometry）一书中，平行公理（即"第五公设"的现代名称）的"出场"甚至比《几何原本》中更晚，直到证明命题 30 时才被使用，便是纯系分类方面的考虑（希尔伯特将平行公理安排为第 4 组公理，"出场"次序亦由此而定），而并无其他深意。从这

[①] 但凡给出命题序号而未指明第几卷的都是指第 1 卷，下同。

个角度看，仅仅因延迟使用而猜测欧几里得对第五公设的公设地位有所怀疑，不是很有说服力。

不过，虽然所谓延迟使用未必有深意，但确实有其他迹象显示欧几里得有可能并不是一开始就将第五公设视为公设的，因为在《几何原本》的某些抄本中，第五公设未被列为公设，而是作为一个普通命题出现在命题 29 之前。假如那些抄本源自欧几里得本人的早期版本，那就有可能意味着欧几里得曾一度将第五公设的内容视为普通命题，后来——多半是因无法证明——才改列为了公设。若如此，这或许也解释了第五公设的表述为何像一条定理（不过对于这一点，后文会提到一条也许更有可能的理由）。同时，它直到证明命题 29 时才被使用也就确实没什么深意了——因为作为普通命题时就是那样安排的。当然，这些都只是猜测。

也许，怀疑第五公设的公设地位的所有推测性理由，归根到底就是表述繁复损及自明性这一泛泛观感。事实上，哪怕持其他理由的人，恐怕也是首先被第五公设的表述繁复引起了疑心，然后才寻找理由的。我曾经设想：倘若欧几里得对第五公设的表述不是那么繁复，而代之以等价表述之一的"普莱费尔公理"（Playfair's axiom），即"过直线外的任意一点只有一条直线与之平行"①，也许第五公设就不会那么吸引眼球，从而也不会引发那么多探索了。不过，从数学史的角度讲，对第五公设的探索导致了非欧几何的诞生，对数学乃至物理的影响都极其深远。从这个角度讲，第五公设的繁复可谓"劳苦功高"，而且这功劳在很大程度上可归于欧几里得——因为《几何原本》的很多内容虽来自前人，公设却有可能是欧几里得的原创，第五公设的这一繁复表述与欧几里得之前的所有已知著述

---

① "普莱费尔公理"是因苏格兰数学家约翰·普莱费尔（John Playfair）而得名——虽然普莱费尔本人将这一公理归功于比他略早的英国数学家威廉·卢德兰姆（William Ludlam）。普莱费尔对"普莱费尔公理"的阐述发表于他 1795 年出版的《几何基础》一书（具体文字与我们所述不尽相同）。"普莱费尔公理"由于表述简洁，被包括希尔伯特的《几何基础》在内的诸多现代几何著作所采用。另外顺便说一下，"普莱费尔公理"常被表述为"过直线外的任意一点有且只有一条直线与之平行"，不过我们在下篇中将会看到，"有且"二字是多余的，因为哪怕不用第五公设也能确立平行线的存在（即"有"），从而不必包含在第五公设的表述中。

存在显著差别，更是几乎能确定是出自欧几里得本人的。仅此一条，欧几里得就可跻身大几何学家的行列。

但是，欧几里得为何采用如此繁复的表述呢？如今只能猜测了。我们上文已提到过一种可能的解释，一条也许更有可能的理由则是："过直线外的任意一点只有一条直线与之平行"是不能在有限范围内确认的——因为无论检验过多大的范围，两条看似平行的直线都仍可能会在检验范围之外相交。而欧几里得的表述所着眼的"相交"则可在有限范围内确认，从而可避免触及无穷这一概念。在欧几里得时代，乃至在有关无穷的严密框架问世之前的所有时代，避免触及无穷都是避免逻辑困境和诘难的有效途径。有些数学史学家及哲学家甚至认为，整个古希腊数学大体上都是奉行有限主义（finitism），或起码是排斥所谓"实无穷"（actual infinity）的。不仅如此，有限主义哪怕在现代数学哲学中也不乏追随者。

因此，欧几里得有可能是出于古希腊数学所奉行的有限主义而将第五公设表述得如此繁复的——当然，再说一遍，这只是猜测。

以上是由普罗克洛斯的第一条理由引出的介绍，接下来再谈谈他的第二条理由——即"认为自己能证明第五公设"。这种"认为自己能证明第五公设"感觉可以说是早期探索的真正主宰，由此引发的是数学史上历时最久的努力之一："证明"第五公设。从欧几里得时代算起，直到因非欧几何的诞生而尘埃落定，这一努力跨越了两千多年的时间。与之相比，曾经是猜想或依然是猜想的哥德巴赫猜想（Goldbach conjecture）、孪生素数猜想（twin prime conjecture）、费马猜想（Fermat conjecture）、四色猜想（four-color conjecture）、黎曼猜想（Riemann hypothesis）等都只能算"小年轻"了。

在下篇中，我们将介绍几个有代表性的"证明"。这些"证明"不仅是对历史的一种勾画，而且——如我们将会看到的——也揭示了欧几里得几何的某些重要性质。

下 篇

让我们从普罗克洛斯开始介绍第五公设的"证明"。普罗克洛斯在我们这个科学史随笔系列中已多次出场,他被认为是最后一位古典哲学家,在他之后是漫长的中世纪。普罗克洛斯一生著述颇丰,其中包括了对《几何原本》第1卷的评注。由于包括欧几里得在内的古希腊数学家的手稿多已不存,评注的重要性得到了极大的提升,普罗克洛斯的评注作为其中的佼佼者,是研究古希腊数学史不可或缺的资料。

关于第五公设,普罗克洛斯在评注中除给出自己的"证明"外,也介绍了前人的"证明"。

普罗克洛斯所介绍的前人的"证明"中,最早的一个出自一位名叫波希多尼(Posidonius)的古希腊"通才"[①]。这也是我们迄今所知试图证明第五公设的最早努力。不过确切地说,波希多尼的努力不是通常意义下的证明——后者是用第五公设以外的《几何原本》来证明第五公设,波希多尼所做的则是引进一个不同的平行线定义。《几何原本》里的平行线由定义23所给出,指的是同一平面上互不相交的直线,波希多尼将之换成了处处等距的直线。利用这一定义,我们在上篇中提到过的第五公设的等价表述之一的"普莱费尔公理"就变得显而易见了——这也正是波希多尼的证明思路。但这一思路有很大的问题,比如无法证明波希多尼的平行线定义与《几何原本》里的定义相等价[②]。而两个定义的等价若无法确立,则"普莱费尔公理"就不再是第五公设的等价表述,证明前者也就不等于证明第

---

① 波希多尼生于公元前135年,卒于公元前51年。如果不用"通才"来概括,他的头衔将包括哲学家、政治家、天文学家、地理学家、历史学家、教育家,等等。
② 这是因为,彼此等距(从而满足波希多尼的平行线定义)的直线虽一定不会相交(从而也满足《几何原本》里的平行线定义),反过来却不然,互不相交(从而满足《几何原本》里的平行线定义)的直线彼此未必等距(从而未必满足波希多尼的平行线定义)。

五公设了①。此外，波希多尼的平行线定义还假定了与一条直线等距（且处于同侧）的点构成另一条直线（否则连直线的资格都成问题，"平行线"根本就无从谈起），而这些其实都是要靠第五公设才能确立的。

普罗克洛斯所介绍的另一个前人的"证明"出自公元 2 世纪的著名学者克罗狄斯·托勒密（Claudius Ptolemy）。该"证明"——按普罗克洛斯的介绍——是这样的：

首先，托勒密"证明"了若两条平行直线与另一条直线相交，则同侧的内角之和必须等于两直角。理由是：若某侧的内角之和小于（或大于）两直角，则考虑到**两条平行直线的一侧并不比另一侧更平行**，另一侧的内角之和也必须小于（或大于）两直角。但这是不可能的，因为这意味着两侧的内角之和加起来小于（或大于）四直角。可两侧的内角之和加起来乃是两个平角，按定义就等于四直角。利用这一点，托勒密就可以"证明"第五公设了，因为假如第五公设不成立，就必定存在与另一条直线相交的两条直线，其某侧的内角之和小于两直角，却任意延长也不会相交。但这样的两条直线在另一侧更不会相交（因另一侧的内角之和大于两直角），从而——按《几何原本》里的平行线定义——是平行直线。但既是平行直线，那么依先前"证明"了的命题，它们与另一条直线相交所得的同侧的内角之和必须等于两直角，跟第五公设不成立所得出的某侧的内角之和小于两直角相矛盾，这说明第五公设必须成立。

托勒密的"证明"错在哪里呢？读者不妨思考一下，答案——即错误之所在——则用**粗体**标出了。普罗克洛斯看出了托勒密的错误，于是提出了自己的"证明"。普罗克洛斯的"证明"是这样的：

首先，他"证明"了若一条直线 a 与两条平行直线 b、c 之一（比如 b）相交，则必然与另一条直线（即 c）也相交。理由是：对相交直线 a 和 b 来说，a 上

---

① 所谓第五公设的等价表述，指的是该表述与第五公设的等价性可在第五公设以外的《几何原本》里得到证明。其中"第五公设以外的《几何原本》"包含了《几何原本》里的平行线定义，该定义若被替换而又不能证明替换的等价性，则所谓第五公设的等价表述也就不复等价了。另外顺便说明一下，我们这里所说的"第五公设以外的《几何原本》"可延伸为除去了平行公理的希尔伯特公理体系。

的点与 *b* 的距离会随该点与交点的距离增加而无限增加,从而必定会大于平行线 *b* 与 *c* 的间距,于是 *a* 必定会与 *c* 相交。利用这一点,普罗克洛斯就可以"证明"第五公设了,因为(如下图所示)假如 *EF* 与 *AB*、*CD* 相交,且右侧内角之和 ∠*BEF* + ∠*EFD* 小于两直角,则可作经过 *E* 点的直线 *KH*,使右侧内角之和 ∠*HEF* + ∠*EFD* 等于两直角。这样的直线 *KH* 必定与 *CD* 平行(这是命题 27 的直接推论[①])。但既然 *KH* 与 *CD* 平行,那么依先前"证明"了的命题,便可推知与 *KH*、*CD* 之一(即 *KH*)相交的直线 *AB* 必定与 *CD* 相交。这正是第五公设所要求的。

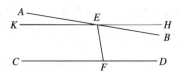

普罗克洛斯的证明错在哪里呢?也请读者思考一下,当然,答案也用**粗体**标出了。所有这些错误,都是因为用到了要靠第五公设才能确立的命题,这也是所有此类"证明"的共性。

试图证明第五公设的努力还有许多。1890 年,意大利数学家彼得罗·里卡尔迪(Pietro Riccardi)将截至 1887 年的努力做了汇编,仅标题就达数十页。限于篇幅,让我们略过其他努力,直接"快进"到非欧几何的"前夜"——也就是早期探索的尾声,介绍一下法国数学家阿德里安-马里·勒让德(Adrien-Marie Legendre)对第五公设的研究。

勒让德的研究很集中地体现在他的《几何基础》(*Eléments de géométrie*)一书中。从 1794 年到 1823 年,该书总共出了 12 版,这些版本之间的修订很好地记录了勒让德试图证明第五公设的足迹。在这串足迹里,自以为成功的"证明",当然都跟其他人的"证明"一样,是错误的,反而是某些未达目标的努力,倒确实是成立的,因而有永久的价值。希腊数学史专家托马斯·希斯曾表示,对第五公设早期探索的任何介绍若不涵盖勒让德研究中有永久价值的部分,就是不完全

[①] 命题 27 指的是:若一条直线与两条直线相交,且内错角相等,则那两条直线彼此平行。感兴趣的读者请用这一命题补全对"*KH* 必定与 *CD* 平行"的证明。

的。因此，让我们以对那部分的简略介绍作为本文的结束。

简要地说，勒让德利用第五公设以外的《几何原本》证明了以下命题：

1. 若三角形的内角之和等于两直角，则第五公设成立①。
2. 若一个三角形的内角之和等于（或小于）两直角，则所有三角形的内角之和等于（或小于）两直角②。
3. 三角形的内角之和不可能大于两直角。

这些命题全都是正确的。在这些命题中，前两个是条件命题，显然不能证明第五公设，第三个不是条件命题，但距离证明第五公设还差一半——即还差证明三角形的内角之和不可能小于两直角。如果那一半也能被证明，第五公设就被证明了——因为那样一来三角形的内角之和就必须等于两直角，从而由第一个命题可推知第五公设成立。《几何基础》自第3版开始，收录了勒让德对那一半的"证明"，并一直保留到第8版。到了第9版，勒让德意识到该"证明"是错误的，于是放弃。但到了第12版，他又"晚节不保"地给出了一个新"证明"，那个"证明"于发表后的第二年被其他数学家推翻，也为勒让德证明第五公设的努力画上了句号。

如今我们知道，勒让德试图证明的那一半其实等价于第五公设。

但勒让德证明第五公设的努力虽然失败，他的研究却显示了欧几里得几何的一个重要性质，对这一性质很多人存有误解。很多人有这样一个印象——甚至有些书中也如是记述，那就是在《几何原本》里假如放弃第五公设（但保留其他公设），则可以有两种彼此相反的放弃方式。比如三角形的内角之和在《几何原本》里等于两直角，假如放弃第五公设，则可以有"三角形的内角之和大于两直角"及"三角形的内角之和小于两直角"这两种放弃方式。勒让德的研究——具体地

---

① 确切地说，是"普莱费尔公理"成立，但"普莱费尔公理"与第五公设等价，因此也就等于是第五公设成立。另外值得一提的是，《几何原本》的命题32乃是这一命题的逆命题（即如果第五公设成立，则三角形的内角之和等于两直角），因此勒让德相当于证明了"三角形的内角之和等于两直角"与第五公设等价。

② 这一命题表明在欧几里得几何中，三角形的内角之和与两直角的大小关系是普适的——也就是说，在这种关系里可以用一个三角形代表所有三角形，而不必强调是"一个"还是"所有"。

说是上面引述的第三个命题——表明，情况并非如此，因为"三角形的内角之和大于两直角"是不成立的——换句话说是与第五公设以外的《几何原本》也矛盾的。因此，在对第五公设的两种放弃方式中，只有一种是可以的。

这一性质也并非勒让德的独家发现，事实上，存在于两种放弃方式间的这种不对称通过"普莱费尔公理"也可以很清楚地看出。"普莱费尔公理"要求过直线外的一点只有一条直线与之平行，因而显然有"过直线外的一点没有直线与之平行"及"过直线外的一点有不止一条直线与之平行"这两种放弃方式。但《几何原本》的命题 27 和命题 28 都确立了平行线的存在性（且两者都没有用到第五公设），从而否决了两种放弃方式中的一种。

欧几里得几何的这一性质之所以被很多人误解，在一定程度上是拜非欧几何所赐，因为对非欧几何有所了解的人大都知道两种非欧几何——罗巴切夫斯基几何（Lobachevsky geometry）与球面几何（spherical geometry），对应于第五公设的两种放弃方式。但其实，只有罗巴切夫斯基几何（在其中三角形的内角之和小于两直角，过直线外的一点有不止一条直线与之平行）是只放弃第五公设；球面几何则除第五公设外，还必须放弃某些其他公设（以及某些只在现代表述中才被引入的公理）[①]，这后一点在浅显的介绍中往往被忽视。

关于第五公设的早期探索，我们就介绍到这里。亚里士多德曾经表示，只有无知才会让人试图证明公理（或公设），对第五公设来说，他显然说错了，试图证明第五公设的努力不但不无知，而且最终开辟了一个宏伟的数学新天地。此外，所有证明第五公设的努力都归于失败这一事实，说明第五公设非但不是《几何原本》的瑕疵，相反，它被列为公设乃是欧几里得胜过无数后世研究者的卓越判断——正如著名科学史学家乔治·萨顿所说："一个普通智力的人会说那个命题是显而易见无须证明的，一个好点的数学家会意识到证明的必要并试图证明它，只

---

① 比如球面上的两条"直线"（即大圆）相交于两点，从而必须放弃公设 1，球面上的"直线"（即大圆）不能无限延伸，从而必须放弃公设 2。此外，球面几何还会破坏希尔伯特公理体系中的次序公理（次序公理不是《几何原本》里的公设，是希尔伯特公理体系比《几何原本》更严密的诸多补充之一）。球面几何所必须放弃的额外公设和公理可通过将球面几何改造成所谓"椭圆几何"（elliptic geometry）而有所减少。

有非凡的天才才会意识到证明是需要却办不到的。"

参考文献

[1] BARDI J S. The Fifth Postulate [M].Hoboken: John Wiley & Sons, Inc., 2009.

[2] EUCLID.The Thirteen Books of the Elements [M].Cambridge: Cambridge University Press, 1908.

[3] KLINE M. Mathematical Thought from Ancient to Modern Times: vol. 1 [M].Oxford: Oxford University Press, 1972.

[4] LEWIS F P. History of the Parallel Postulate [J].The American Mathematical Monthly, 1920,27（1）: 16-23.

[5] PROCLUS.The Philosophical and Mathematical Commentaries of Proclus on the First Book of Euclid's Elements [M].London: London Printed for the Author, 1792.

[6] ROSENFELD B A. A History of Non-Euclidean Geometry [M].New York: Springer-Verlag, 1988.

[7] SARTON G. Hellenistic Science & Culture in the Last Three Centuries B.C. [M].Mineola: Dover Publications, 1959.

[8] STILLWELL J. Reverse Mathematics: Proofs from the Inside Out [M].Princeton: Princeton University Press, 2018.

[9] TRUDEAU R J. The Non-Euclidean Revolution [M].Basel: Birkhäuscr, 2008.

2019 年 3 月 21 日

《几何原本》与中国

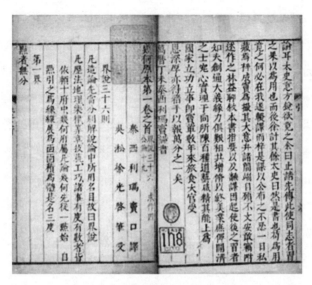

《几何原本》中译本

在结束对欧几里得与《几何原本》的介绍前,让我们插叙一下《几何原本》与中国的渊源。这种渊源是这部伟大著作对数学史乃至文明史的深远影响的一部分——虽只是很小的部分。

《几何原本》传往中国的"介绍人"是一位意大利传教士,中文名叫利玛窦,原名则是马泰奥·里奇(Matteo Ricci)。利玛窦早年随耶稣会士克里斯托弗·克拉维斯(Christopher Clavius)学习数学、天文等,25岁(1577年)开始赴远东传教,而立之年(1582年)抵达澳门,继而北上。

当时的某些传教士为消减来自中国官方及本土宗教的排斥,在身份上一度冒充佛教徒,在手段上则以西方科技为"敲门砖"。利玛窦也是如此。他携带的世

---

① 本文曾发表于《Newton科学世界》2019年第6期(科学出版社出版)。

界地图,擅长的制造日晷等的技艺,以及他的天文和几何知识很快为他树立了名声。慕名者中有一位名叫瞿太素,原本想学炼金术,却被几何和天文所吸引,随利玛窦研读甚至有可能翻译了《几何原本》的第1卷,可惜那翻译——假如有过的话——并未存世。将《几何原本》译成中文并留下"白纸黑字"的荣誉于是轮到了另一位慕名者,那便是徐光启[①]。

徐光启于1606年开始与利玛窦合作翻译《几何原本》,所用的底本是克拉维斯1574年编撰的拉丁文版——进一步追根溯源的话,则与当时几乎所有其他版本一样,是源自"赛翁版"。不过克拉维斯在编撰过程中添加了大量注释,在定义、公设、公理的编排方面也做了幅度不小的变更,且添入了一些新命题[②]。这些特点在徐光启与利玛窦的中译本里也都有所体现。徐光启与利玛窦的翻译持续了半年左右,每天投入数小时,于1607年5月完成并出版了前6卷。

据利玛窦记述,徐光启曾提议译完全书,但利玛窦的目标是传教而非"科普",故决定先观望一下前6卷的"市场反响"再说。结果三年后利玛窦就去世了,《几何原本》的该次翻译遂以6卷告终[③]。不过从《几何原本》的结构上讲,前6卷恰好是平面几何部分,独立成书倒也适合。事实上,《几何原本》的现代译本也有只含前6卷的。

利玛窦、徐光启译本所用的《几何原本》这一书名如今已成了欧几里得这部著作的标准中译名。我们在《欧几里得与〈几何原本〉》的中篇里曾经提到,《几何原本》中的"几何"一词可能是后人添加的。由于这个添加词的中英文现代

---

① 这里可以稍作补充的是:有学者认为早在13世纪,就有可能出现过《几何原本》的中译本,不过这一点不仅缺乏"白纸黑字"的证据,连间接证据也很弱——因为那间接证据哪怕属实,也只意味着当时有可能出现过一份列有《几何原本》的"外文书"的中文书目,可谓间接又间接。

② 这些"篡改"底本的特点在《几何原本》的流传过程中是很寻常的——可参阅《欧几里得与〈几何原本〉》,徐光启与利玛窦的中译本亦不例外,与克拉维斯的底本有一定偏离。

③ 另一个因素或许也对该次翻译以6卷告终有影响,那就是徐光启因父亲去世,回乡丁忧守制。此事也发生在1607年,不过我未能查到起始时间,故以利玛窦的记叙为依据,将该次翻译以6卷告终归因于利玛窦的去世。但利玛窦的观望"市场反响"之所以持续到他去世,不排除是因为徐光启的丁忧守制。

含义相互一致，因而有一种看法认为利玛窦、徐光启译本书名里的"几何"一词是英文"geometry"或拉丁文"geometria"的音译。但另一种看法则认为"几何"在当时中文里的固有含义是"多少"，泛指数学问题的解答，这才是译本书名里的"几何"一词的原始含义。两者之中我更倾向后者，因为它还受到另两条重要理由的支持：一是由于古今字音的差异，"几何"一词当时的发音未必适合音译"geometry"或"geometria"[①]；二是作为底本的克拉维斯的拉丁文版的书名里并没有"几何"一词，从而音译根本就无从谈起。

至于利玛窦、徐光启译本的内容，因为只是译本，详加介绍不免与前作重复，就只取一二略加赏析吧。我个人最喜欢的是对"第一界"（即定义 1）和"第二界"（即定义 2）的翻译："点者无分"和"线有长无广"，既精炼又典雅。但一般而论，该译本起码对现代读者而言是很难读的，不仅受文言对新概念的表达能力所限，且某些具体译法也不利于阅读，比如对字母做了中译，译为天干、地支，乃至八卦、八音，读起来宛如天书。比如"第二十二题"（即第 1 卷命题 22）包含了这样的话[②]："以丙为度从庚截取庚辛线次以己为心丁为界作丁壬癸圈以庚为心辛为界作辛壬癸圈其两圈相遇下为壬上为癸末以庚己为底作癸庚癸己两直线即得己癸庚三角形"。

徐光启在译本序中以清晰的逻辑阐述了《几何原本》的重要性。他首先提到了"度数"（即几何与算术——"度"为几何，"数"为算术）的重要性："唐虞之世，自羲、和治历，暨司空、后稷、工、虞、典乐五官者，非度数不为功。《周官》六艺，数与居一焉；而五艺者，不以度数从事，亦不得工也"，然后指出了《几何原本》在度数方面的基础地位："《几何原本》者，度数之宗，所以穷方圆平直之

[①] 关于这一点，荷兰学者安国风（P. M. Engelfriet）在《欧几里得在中国》一书中提到了两条详细理由：一是"几"字当时的读音是"ki"，并不适合音译"geometry"或"geometria"；二是比《几何原本》中译本稍晚的李之藻的《名理探》对"geometria"作了音译，译名并非"几何"，而是以今音而论出入很大的"日阿默地亚"。
[②] 该命题是作图题，要求用三条已知线段（长度上满足任两条之和大于另一条）作一个三角形。

情,尽规矩准绳之用也"①。除译本序外,徐光启还写过一篇《几何原本杂议》,对《几何原本》作出了极高的推许,称"此书为益,能令学理者祛其浮气,练其精心;学事者资其定法,发其巧思,故举世无一人不当学""能精此书者,无一事不可精,好学此书者,无一事不可学",徐光启并且预期,《几何原本》"百年之后必人人习之"。与《几何原本》相比,中国原有的数学明显缺乏体系,这一点,徐光启在比《几何原本》中译本晚两年出版的《勾股义》一书的序言里,通过评价《九章算术》做了精辟表述,他称《九章算术》"能言其法,不能言其义也,所立诸法,芜陋不堪读"。

《几何原本》中译本的出版在中国数学史上具有极大的重要性,但这一重要性很大程度上只体现为事件意义上的重要性——即它是西学东渐过程中的一个标志性事件,却并未对中国的数学或学术产生根本影响。诚然,《几何原本》中译本出版后一度在晚明上层人士间流传,甚至有数十篇"点赞"之作被结集出版,利玛窦本人去世后,据说是因《几何原本》中译本之故,还得到了一块供传教团永久拥有的墓地——为传教士踏足中国以来之首次。但这种层面的认可很大程度上是以附庸风雅为主,却并未深入教育层面,从而也未对中国的数学或学术产生根本影响。《几何原本》中译本出版之后,中国学者哪怕偶有仿作,也大都是对《几何原本》的删削,创新幅度极小,将公理化方法用于其他领域的学者,则更是阙如。

1700 年,距离《几何原本》中译本的问世已近百年,清初算学家杜知耕曾就《几何原本》写下了这样的感慨:"徐公尝言曰:百年之后必人人习之……书成于万历丁末,至今九十余年,而习者尚寥寥无几"。

1723 年,《几何原本》被御制"数学百科全书"《数理精蕴》所收纳。但这一收纳已是名存实亡,跟欧几里得的《几何原本》相比有了显著弱化,甚至连公理化结构都被剥除。不仅如此,整部《数理精蕴》由"西学中源"的观念所统领,宣称"中原之典章既多缺佚,而海外之支流反得真传,此西学之所以有本也",数

---

① 这句话与前文所释的"度数"一词的含义相联系,在一定程度上印证了《几何原本》中译本书名中的"几何"很可能是泛指数学问题的解答,而非"geometry"或"geometria"的音译。

学的起源被追溯到《易经》乃至传说中的河图洛书，包括《几何原本》在内的整个数学则被强置于中国文化的框架之内。由于《数理精蕴》是御制之书，这种"西学中源"的观念遂成为了"舆论导向"。

《几何原本》与中国的这种早期渊源是很有文化探索价值的。撇开某些微妙的现代含义不论，《几何原本》所示范的公理化体系其实就是"言之有据"这一对智慧生物来说近乎直觉的观念的自然演进。虽然从普通的"言之有据"发展到《几何原本》的水准或许有天才和偶然的成分。但那样的水准一经出现，在学者中引起共鸣，继而传播则是相对容易的。公理化方法在阿拉伯世界及西方的传播都印证了这一点，这种传播甚至涵盖到了中世纪黑暗时期的神学著作。相形之下，公理化方法传入中国后却仿佛陷入了"阻尼"，未能产生显著影响，这是很值得探索的文化现象。

究竟是什么样的"阻尼"造成了这种现象？直接的因素大约不外乎是中国传统势力对西方科学的排斥，对宗教渗透的疑惧，以及传教士内部的观点分裂——后者一度导致向中国人传授科学的做法被叫停，等等。但除去这些对抗性的直接因素外，一些非对抗性的间接因素恐怕也不容忽视：比如中国文化偏好泛泛之谈，而不太注重对概念的清晰界定，在运用抽象概念进行复杂推理方面尤其薄弱；比如中国缺乏对人文以外的东西（尤其是抽象的东西）感兴趣的学者群体；比如"西学中源"的盲目自大，等等。

对这种探索特别有利的是，中国在公理化方法传入之后仍有一段为期百年以上的基本孤立的时间，中国文化在这段时间里仍可视为"孤立体系"，从而可通过分析公理化方法这一"初始扰动"在该"孤立体系"中的演化，来探索中国文化所起的"阻尼"作用①。这种探索也有助于我们更全面地了解中国文化。

《几何原本》与中国的渊源直到19世纪才有新的发展。1866年，清朝数学家李善兰与英国传教士伟烈亚力（Alexander Wylie）合作完成了《几何原本》后9卷的翻译，并与前6卷一起，由晚清名臣曾国藩资助出版。至此，《几何原本》

---

① 这种有利条件进入19世纪后就渐渐消失了，因为随着西方文化越来越频繁地进入（或杀入）中国，中国文化不再是"孤立体系"，文化分析的复杂性也就显著增加了。

终于有了全本的中译[1]。

参考文献

[1] 安国风. 欧几里得在中国 [M]. 南京：凤凰出版传媒集团，2008.

2019 年 4 月 18 日

---

[1] 当然，这个所谓"全本"其实包含了两卷"伪作"——我们在第 46 页注②中提到过，《几何原本》一度被认为有 15 卷，其中的第 14、15 两卷后来被公认为并非出自欧几里得。另外，受底本等因素所限，这个"全本"的版本忠实度也不能与现代译本相提并论，且后 9 卷乃是基于不同版本。

阿基米德的传说 ①

阿基米德（前287—前212）

古希腊的天空可谓星光璀璨。欧几里得这颗巨星尚未沉入地平线，另一颗巨星已从天幕升起，那就是阿基米德。

如果说欧几里得的光芒主要是在纯数学，那么阿基米德则是纯数学和实用领域的双料巨星。不过，据罗马时代的希腊作家普鲁塔克（Plutarch）记叙，阿基米德对他声望所系的这两个领域有完全不同的评价，他以纯粹学问为上乘，而视实用知识为末流，他对后者的涉猎乃是出自叙拉古国王（King of Syracuse）希罗二世（Hiero Ⅱ）的劝说。这一记叙的可靠性不得而知，但阿基米德流传于世的著作似乎在一定程度上呼应了这一记叙，那些著作多为理论著作（虽然某些理论与实用仅一步之遥），从而或许可理解为阿基米德不认为他的实用知识值得著述。

也因此，阿基米德在实用领域的造诣虽举世公认，许多具体事迹却因没有第

---

① 本文曾发表于《Newton 科学世界》2019 年第 7 期（科学出版社出版）。

一手文献的支持而停留在传说层面，而传说难免夸张，一较真便往往陷入困境。当然，有关阿基米德的传说并不限于实用领域，那些传说也同样带着夸张。

在本文中，我们来介绍几则阿基米德的传说。

这些传说中，最著名的大约要算"我发现了"（Eureka）的传说。在这个传说中，前面提到过的那位叙拉古国王让工匠打造了一顶纯金王冠，那王冠与国王提供给工匠的金子等重，但国王怀疑工匠通过往王冠里掺银的办法贪污了一部分金子，便让阿基米德检验。阿基米德苦苦思索，终于在某次洗澡时想到了通过浮力来测定王冠比重，于是欣喜若狂地"裸奔"（这在当时没有现在这么惊世骇俗）到街上，大声喊道："我发现了！我发现了！"①

这个传说在阿基米德流传于世的著作中并无佐证，目前所知最早的出处是罗马工程师维特鲁威（Vitruvius）的《建筑十书》（De Architectura），与故事本身的时间相比，晚了两百多年。在维特鲁威的记述中，阿基米德检验王冠是否掺银的办法是将它与等重的金子分别浸入装满水的大容器里，看两者造成的水的溢出数量是否相等。

这个传说为阿基米德的生平增色不少，真实性却引起了不少怀疑。怀疑者中包括了科学巨匠伽利略。在 22 岁那年（1586 年）出版的"处女作"《小天平》（The Little Balance）中，伽利略表示，通过测量王冠与等重的金子浸入水中产生的水位变化或水的溢出数量是否相等来检验王冠是否掺银是"完全错误的并且达不到所需的那种精度"。

我们可以用简单的计算来印证伽利略的说法。不过在计算之前，有一点先要澄清，那就是这个传说中的所谓王冠来自希腊文的 στέφανος，其实只是一种环状的装饰物，或曰花冠（wreath）。它比普通的王冠（crown）轻得多。在目前已知的阿基米德时代的文物中，此类装饰物的最大直径约为 18.5 厘米，质量约为 714 克。哪怕夸张一点，将质量当成 1000 克，纯金情形下的体积也只有约 51.8 立方厘米（因为金的比重约为 19.3 克每立方厘米），假如工匠将其中的 200 克金替换成银，体积将增加至 60.5 立方厘米左右（因为银的比重约为 10.5 克每立方厘米），

---

① 这个传说的结局是阿基米德证实了国王的怀疑——即证实了王冠中确实掺了银。

也就是增加 8.7 立方厘米左右。此外，考虑到花冠的尺寸，能浸没它的容器的直径约需 20 厘米，8.7 立方厘米的体积变化在这种大小的容器中对应的水位变化不到 0.3 毫米。这么小的水位变化用肉眼是很难分辨的，而且极易被表面张力造成水面边缘弯曲所掩盖。测量水的溢出数量是否相等也同样困难，因为溢出的水不易集全，同时又没有量筒一类的现代工具。

当然，所谓可疑只是针对传说中的办法，不等于无法用其他办法做到。事实上，伽利略在《小天平》一书中就提出了一种可行的办法，感兴趣的读者请从《小天平》这个书名出发猜测一下他的办法①。只不过，阿基米德究竟有没有用过那些可行的办法，就不得而知了，但起码是未被迄今所知的史料记述过。

有关阿基米德的另一项著名传说，是所谓的阿基米德"热线"（heat ray）。在这一传说中，阿基米德帮助自己居住的希腊城邦叙拉古（Syracuse）抵御罗马人的进攻。那是阿基米德在世的最后时光（他于城邦沦陷时被罗马士兵杀死），在那期间据说他用各种自创或改良的奇妙手段重创了罗马人。这些手段中最脍炙人口的乃是以汇聚阳光的方式发动火攻。据公元 2 世纪的作家琉善（Lucian）记叙，阿基米德以火攻的方式摧毁过很多罗马人的战船。但直到公元 6 世纪，希腊几何学家兼建筑师安提莫斯（Anthemius）才明确给出了以汇聚阳光的方式发动火攻的版本，宣称阿基米德是通过用镜子将阳光汇聚到罗马战船上的办法实施火攻的，这便是所谓的阿基米德"热线"。

有关阿基米德"热线"的传说无论在阿基米德流传于世的著作里，还是在比琉善更早的诸如普鲁塔克等人有关阿基米德的生平记述中，都毫无佐证，因而也引起了怀疑。比如著名哲学家勒内·笛卡儿（René Descartes）基于一些晦涩的思辨，认为那是不可能的。为了检验阿基米德"热线"究竟有没有可能，一些人展开了实验。考虑到阿基米德时代应不具备制作大型凹面镜的技术，实验普遍采用了平面镜，结果则莫衷一是。当然，单从理论上讲，用平面镜汇聚光线，使木制

---

① 伽利略并不是最早为这一传说设想可行手段的人，比他更早，意大利学者吉安巴蒂斯塔·德拉·波尔塔（Giambattista della Porta）也提出了类似的办法。他们的办法本质上都是利用质量相等而体积不等的平衡在浸入水中后会因浮力不同而被破坏这一特点。

的战船燃烧是完全可能的，问题的要害在于是否有现实可行性。

在人们做过的实验中，最早的一个是法国科学家蒲丰（Comte de Buffon）于 1747 年完成的。蒲丰宣称用高 8 英寸（约合 20 厘米）宽 6 英寸（约合 15 厘米）的数量不等（从数十到一两百）的镜子汇聚阳光，点燃了距离从 20 英尺（约合 6 米）到 250 英尺（约合 76 米）之间的各种可燃物。蒲丰用的是阿基米德时代不存在的玻璃镜子，但他表示"我用玻璃镜子做到的，毫无疑问阿基米德能用金属镜子做到"。

蒲丰的实验是 200 多年前的事了，而且除他本人的记叙外似无独立旁证，从而不足以平息质疑，也不足以终结进一步的实验。1973 年，希腊科学家艾欧尼斯·萨卡斯（Ioannis Sakkas）用 70 面高 5 英尺（约 1.5 米）宽 3 英尺（约 1 米）的镀铜镜子汇聚阳光，据称在数秒之内就点燃了 160 英尺（约合 50 米）外的一艘表面涂了易燃油漆的木船。

更晚近些，2005 年，美国麻省理工学院（Massachusetts Institute of Technology，MIT）的一群学生尝试了类似的实验，并进行了录像。他们用 127 面边长 1 英尺（约 30 厘米）的现代镜子，点燃了 100 英尺（约 30 米）外的木船。但跟前述实验不甚一致的是，该次实验在晴朗无云，木船完全不动的条件下，仍用了 10 分钟左右才点燃了木船，且只是小火苗。

而迄今最新的一次公开尝试则是 2010 年，一档名为"流言终结者"（Myth Busters）的电视节目报道了由 500 名中学生参与的实验，实验者分别用了铜镜和现代镜子，高和宽皆为数尺，结果是铜镜在 15 分钟内仅仅使 400 英尺（约合 120 米）外的模拟船只帆上的目标区域温度升高至 55℃；现代镜子好很多，但也只升高至 95℃。甚至将目标移近到 100 英尺（约 30 米），温度也只达到了 140℃，离帆的燃点相差很远。

这些实验的结果彼此相异，但有录像为证的两次晚近实验都不甚乐观，要么无法点燃目标，要么虽能点燃，却需敌我双方配合不动，使同一区域被持续照射十多分钟这一实战中不可能满足的条件，以及现代镜子这一阿基米德时代不存在的东西，且造成的只是容易扑灭的小火苗。从这些结果看，有关阿基米德"热线"

的传说是高度可疑的。更何况，这种须动用大量人力，从而相当壮观的"土制激光"若果真实现过，几乎不可能在安提莫斯之前700多年的时间里不被提及，甚至也不至于缺席阿基米德之后的世界战争史。

以上是两则实用领域的传说，为使本文更有代表性，下面介绍一则纯数学方面的传说。大家也许以为，有关阿基米德的传说都是历史悠久的，下面这则传说起码就其发现而言却是例外。这则传说出自1773年发现的一份希腊文手稿，手稿中的一首诗被认为是阿基米德写给同时代数学家的。这首诗包含了一个数学问题，被称为阿基米德群牛问题（Archimedes' Cattle Problem）。该问题由两个子问题组成，所求的是4种不同颜色（花色）的公牛和母牛（即总计8种牛）的数目。限于篇幅，我们不重复问题的表述了，简言之，该问题可归结为由7个方程组成的八元一次方程组，这种方程组有无穷多组解，其中第一个子问题的最小的解对应的牛的总数为 50 389 082，第二个子问题更令人瞠目，最小的解对应的牛的总数约为 $7.76 \times 10^{206\ 544}$，单把答案写下来就足以成为一本书！

由于涉及的数字如此巨大，阿基米德群牛问题直到1880年——比发现年份晚了100多年——才被解决，而将第二个子问题的最小的解具体写出来则是在计算机时代才办到的，比发现年份晚了近200年。那个解甚至被用来检验早期的巨型计算机克雷-1（Cray 1）的计算能力。

阿基米德在诗中针对第一个子问题写道（大意）："哦，朋友，如果你能求出每一种公牛和母牛的数目，那你就不算是数学的新手，但也还不能算是高手。"什么是高手呢？阿基米德拿出了第二个子问题，"哦，朋友，如果你把这些也算出……那就可以欢呼了，因为你证明了自己有最高的数学技能。"这种挑战的笔法似乎意味着阿基米德自己能解决该问题，或起码能判定其有解。不过虽然阿基米德无疑"有最高的数学技能"，若说他能解决第二个子问题或判定其有解，恐怕仍是言过其实了。事实上，有研究者认为，哪怕阿基米德群牛问题真是出自阿基米德，那首诗也不太可能是他的手笔。

有关阿基米德的传说就介绍到这里。虽然这篇介绍侧重于怀疑，但所有怀疑都撼动不了一个基本判断，那就是阿基米德是古希腊最伟大的科学家之一，也是科学史上屈指可数的巨匠之一。

因为阿基米德的科学地位不是靠传说确立，而是有扎实的史料背景的。

参考文献

[1] DIJKSTERHUIS E J. Archimedes [M].Princeton: Princeton University Press, 1987.

[2] HIRSHFELD W. Eureka Man: The Life and Legacy of Archimedes [M].New York: Walker & Company, 2009.

[3] MIDDLETON W E K. Archimedes, Kircher, Buffon, and the Burning-Mirrors [J].Isis, 1961,52(4)：533-543.

[4] SARTON G. Hellenistic Science & Culture in the Last Three Centuries B.C. [M].Mineola: Dover Publications, 1959.

2019 年 5 月 22 日

阿基米德的著作[1]

阿基米德重写本

谈完了阿基米德的传说，我们来谈谈他的著作。

阿基米德与欧几里得作为那个时代的两位科学巨匠，不仅在科学史上的地位可以相提并论，我们对其生平了解之贫乏也互有一拼，不过原因有可能恰好相反。我们在《欧几里得与〈几何原本〉》的上篇中曾经说过，对欧几里得的生平了解之所以贫乏，也许是因为他不参加政治性或事务性活动，从而"自绝"于历史。但对阿基米德来说，则似乎是因参与活动太多，导致传说太多，遮盖了生平，甚至遮盖到了连名字都不能完全确定的程度——因为"Archimedes"的希腊文"Ἀρχιμήδης"源自表示大师（master）的"αρχος"和表示思考的"μηδομαι"，

---

[1] 本文曾发表于《Newton 科学世界》2019 年第 8 期（科学出版社出版）。

有"思想大师"之意,从而有可能是敬称。与欧几里得类似的是,当希腊科学和哲学的部分成果被转移至阿拉伯世界时,阿基米德的生平也如欧几里得的生平一样,叠加上了阿拉伯版本,其中的一种称他为毕达哥拉斯的儿子,可谓错得相当离谱。

关于阿基米德的生平,比较确知的是他的去世年份:公元前 212 年——那是他居住并协助防御的叙拉古城被罗马人攻陷的年份[①]。在这个年份的基础上,阿基米德的出生年份被确定为公元前 287 年,但可靠性要低得多,因为所依据的只是一个阿基米德去世 1300 多年后才出现的孤证:公元 12 世纪的诗人兼历史学家约翰·策策斯(John Tzetzes)提到的阿基米德"享年 75 岁"。

不过阿基米德的著作,倒是在经过了包括中世纪在内的漫长岁月的洗礼,依然以希腊文抄本及阿拉伯文或拉丁文本译本及重译本的形式多有流传。

这种流传直至近世还导致了新的发现。

19 世纪 40 年代,《圣经》研究者康斯坦丁·冯·蒂申多夫(Constantin von Tischendorf)在君士坦丁堡(Constantinople)的一个图书馆查阅古籍时,在一份羊皮纸(parchment)重写本(palimpsest)——即抹去了原先文字后书写了新内容的稿本——里,隐约见到底稿上有一些关于数学的希腊文。他在自己的回忆录中记述了这一发现,并偷走了一页卖给剑桥大学。19 世纪末,希腊文专家阿萨纳西奥斯·帕帕佐普洛斯-凯拉缪斯(Athanasios Papadopoulos-Kerameus)在为那同一个图书馆编撰的一份手稿目录中,抄录了那些希腊文中的几行。

不过,无论冯·蒂申多夫还是帕帕佐普洛斯-凯拉缪斯,都并不知道底稿上那些希腊文的来路。后者需要一位碰巧对那些希腊文的内容有着精深研究的人。1906 年,这样一个人登场了,他就是丹麦学者约翰·卢兹维·海贝尔(John Ludvig Heiberg)。海贝尔不仅是古文字学家兼历史学家,同时还是资深的古希腊数学研究者,对当时已知的古希腊数学文献有着广博的了解,编过包括阿基米德在内的

---

① 但对于阿基米德去世的具体经过,则存在若干不同版本,各自都精确到他最后所说的具体的话(比如"别动我的图")。那些版本的真伪如今已难得知,但那些有"遗言"的版本最早的也是在阿基米德去世 200 多年后才出现,很可能全都掺入了文学修饰。

若干古希腊学者的文集。帕帕佐普洛斯-凯拉缪斯抄录的那几行希腊文引起了海贝尔的极大关注，因为他认出了那几行文字的出处：阿基米德的《论球和圆柱》。

为探明究竟，1906 年夏天，海贝尔亲赴君士坦丁堡，查阅了那份底稿上残留了希腊文的重写本。

那趟君士坦丁堡之行成就了海贝尔学术生涯的顶峰，因为他在那份重写本的底稿中发现了 7 种阿基米德著作希腊文版的全文或片断。这其中的 6 种——

- 《论平面图形的平衡》(On the Equilibrium of Planes)
- 《论浮体》(On Floating Bodies)
- 《论圆的度量》(On the Measurement of a Circle)
- 《论螺线》(On Spirals)
- 《论球和圆柱》(On the Sphere and Cylinder)
- 《阿基米德盒子》(Stomachion)

是当时已有阿拉伯文或拉丁文的译本，但新发现的希腊文版不仅忠实度更优，有数种的内容也更全（尤其是《阿基米德盒子》，原先只有一个很残缺的阿拉伯文译本，此番称得上是新发现）；另一种——

- 《方法论》(The Method of Mechanical Theorems)

则是存在性虽从其他论著中推知过[①]，却不曾被发现过，从而是填补空白。

当然，海贝尔发现的希腊文版也并非尽善尽美，比如有些内容难以识别或残缺不全，且没有包含以其他版本的形式流传于世的以下 4 种阿基米德著作：

- 《数沙者》(The Sand-Reckoner)
- 《论劈锥曲面体与球体论》(On Conoids and Spheroids)
- 《抛物线求积》(The Quadrature of the Parabola)
- 《阿基米德群牛问题》(Archimedes' Cattle Problem)

上述所列合在一起，便是现存阿基米德著作的全部，那份底稿中包含了阿基米德著作的重写本，则被称为了阿基米德重写本（Archimedes palimpsest）。阿基米德重写本虽非阿基米德的手稿，但由于是希腊文，内容又多有超乎其他版本之

---

① 海贝尔本人正是做出这种推知的主要人物。

阿基米德的著作

处,重要性是不言而喻的,于是海贝尔向土耳其政府申请借阅,可惜遭到了拒绝。无奈之下,他用当时最好的摄影技术拍下了阿基米德重写本,然后带着相片回到丹麦,以放大镜为工具展开研究。此后,他于1908年重返过一次君士坦丁堡,再次查阅了阿基米德重写本的原件。海贝尔的研究不仅着眼于对阿基米德重写本中的希腊文的辨认,而且包括了与其他版本的对比和甄别。自1910年起,海贝尔开始发表研究所得的希腊文,至1915年发表完毕。

而那份留在君士坦丁堡的阿基米德重写本的原件,则一度去向不明,直到1998年,才在佳士得拍卖行(Christie's Auction House)的一次拍卖中重现踪影。在那次拍卖中,包括希腊政府在内的多路人马参与了竞拍,最终由一位据称是在高科技行业任职的匿名美国买家以200万美元的价格拍得(希腊政府在190万美元的价位上放弃)①。拍得后的阿基米德重写本被存放到了巴尔的摩沃尔特斯艺术博物馆(The Walters Art Museum in Baltimore)供研究用。那位匿名的美国买家并且向博物馆提供了研究经费。

此时距海贝尔的查阅已近百年,阿基米德重写本的"品相"跟海贝尔拍摄的相片相比有了显著恶化。但幸运的是,处理古籍的技术在这期间有了极大的发展,不仅抵消了"品相"的恶化,还大大加强了提取信息的能力。如果说海贝尔以放大镜为工具展开研究如同福尔摩斯的破案,那么新近的研究则像是现代刑侦技术下的破案。

这种"破案"很快就展开了。

海贝尔拍摄的相片有一个先天不足,那就是无法拍到装订部位的文字。为消除这一不足,巴尔的摩沃尔特斯艺术博物馆对阿基米德重写本所做的一件重要处理,就是拆解书页。这对于像阿基米德重写本那样的古籍本该是容易的,因为胶水之类的东西在古籍问世的年代尚不存在。但意想不到的是,阿基米德重写本的很多书页居然是用"二战"后才问世的一种木胶粘连的(可能是某一任拥有者防止其"散架"而做的粗暴努力)。为了在不破坏书页和文字的前提下拆解书页,巴

---

① 这一信息是该匿名买家的代理人透露的,并且该代理人强调此人不是比尔·盖茨(Bill Gates)。一份德国媒体猜测此人是亚马逊(Amazon)公司的总裁杰弗里·贝索斯(Jeff Bezos)。

尔的摩沃尔特斯艺术博物馆的专家展现了极高的专业水准和极大的耐心，在显微镜下用特殊溶液一点点地消解木胶。这一工作用了四年时间才告完成。

为了辨认底稿上本就暗淡，且还因"品相"恶化而变得更难分辨的希腊文，巴尔的摩沃尔特斯艺术博物馆的专家采用了紫外线照射的手段，利用紫外线对字迹颜料的特殊敏感性拍下了对比度远胜于普通相片的新相片。对于某些被重写时所用的浓厚图案所覆盖，紫外线无法穿透的部分，则采用了穿透性更强的 X 射线技术。

这一系列的"高科技"研究于 2005 年完成，不仅拍下了很多海贝尔没能拍下的文字，还包含了一些因肉眼难辨而被海贝尔误认为不包含希腊文，从而没有拍摄的书页。此外，海贝尔发表的希腊文中的插图是他依据现代习惯重绘的，此次拍摄则恢复了原始插图。考虑到文稿誊抄者擅长的是文字而非插图，一般认为，他们誊抄文字时有可能"技痒"而作出改动，对插图却往往会因不擅长而"依样画葫芦"，从而更接近阿基米德的手稿。同时，这种"高科技"研究还显示出阿基米德重写本的底稿撰于公元 10 世纪，覆盖于其上的文字则撰于公元 13 世纪①。

由于阿基米德在科学史上的崇高地位，不止一代学者对他的著作进行了新的翻译，以英文为例，主要的译本有三个。第一个是希腊数学史专家托马斯·希斯的《阿基米德文集》（*The Works of Archimedes*），出版于海贝尔研究阿基米德重写本之前的 1897 年，但于 1912 年增补了来自阿基米德重写本的《方法论》。希斯的译本影响很大，但以忠实度而言有较大缺陷，比如没有用阿基米德重写本对 1897 译本所涵盖的著作进行补正，且对内容进行了意在帮助现代读者的转述并采用了现代符号——这后一点受到了荷兰科学史学家爱德华·扬·戴克斯特豪斯（Eduard Jan Dijksterhuis）的批评。戴克斯特豪斯认为经过那样的转述，"失去的往往恰好是经典证明中最典型的品质"。有鉴于此，戴克斯特豪斯于 1938 年出版了自己的译本——也就是第二个主要的英译本，书名为《阿基米德》（*Archimedes*）。戴克斯特豪斯的译本没有采用现代符号，且对命题做了比较严格的翻译，但对证明等依然做了便于理解的处理。阿基米德著作的第三个主要的英译本是美国斯坦福大

---

① 覆盖于其上的文字跟阿基米德的著作无关，乃是一些基督教文字。

学的数学史学家雷维洛·内茨（Reviel Netz）于 2004 年和 2017 年出版了前两卷的《阿基米德文集》(*The Works of Archimedes*)。内茨的译本不仅吸收了对阿基米德重写本的"高科技"研究成果，而且——用他自己的话说——是"最忠实的翻译"，是第一部严格意义上的英译本。不过，由于希腊数学与现代数学存在很大差异，"最忠实的翻译"对现代读者几乎必然是难读的（希斯的译本之所以影响很大，正是因为用可读性取代了忠实性），为弥补这一点，内茨的译本包含了很多诠释性的文字——其中包括前人的评注性文字。

经过上述努力，阿基米德的著作达到了相当丰富的数量（上述诸译本的篇幅皆达四五百页，内茨的且仍在出版中）[①]。以重要性而论，阿基米德的著作是静力学、流体静力学等领域的重要源头，可以跟欧几里得的《几何原本》一争高下。但以流行度而言，阿基米德的著作却跟《几何原本》相差很远。一般认为，这是因《几何原本》注重体系，结构近于教材，阿基米德的著作却重在创新，体裁近于论文，故流行度无法比肩——论文的名头再大，也难像教材一样流行。

在结束本文时，关于阿基米德的著作，还有两个特点值得一提。一个是：跟同时代的其他数学家相比，阿基米德的"版权"意识强得多，在他的著作中，涉及别人的研究之处常会注明。另一个则是：虽然古希腊是一个充满神话的时代，但神在阿基米德的著作中没有地位。这一点不仅在当时，甚至在此后很长时间里都是比较特立独行的。

参考文献

[1] CHARLES C G, NORETTA K. Complete Dictionary of Scientific Biography [M].New York: Charles Scribner's Sons, 2008.

[2] DIJKSTERHUIS E J. Archimedes [M].Princeton: Princeton University Press, 1987.

[①] 当然，阿基米德的著作也是有失传的，比如《论平面图形的平衡》有两卷，但彼此相差甚大，衔接不畅，其中的第 1 卷被认为有可能是一部大得多的有关（静）力学的著作的片断，第 2 卷则是后来撰写的。此外，阿基米德有时会提到一些他自称证明过的结果，在现存的著作里却找不到，被认为极有可能也是因为失传。

[3] HEATH T L. The Works of Archimedes [M].Cambridge: Cambridge University Press, 1897.

[4] HEATH T L. The Method of Archimedes: Recently Discovered by Heiberg [M].Cambridge: Cambridge University Press, 1912.

[5] HEATH T L. Archimedes [M].London: Society for Promoting Christian Knowledge, 1920.

[6] HIRSHFELD W. Eureka Man: The Life and Legacy of Archimedes [M].New York: Walker & Company, 2004.

[7] NETZ R. The Works of Archimedes: vol. I [M].Cambridge: Cambridge University Press, 2004.

[8] NETZ R. The Works of Archimedes: vol. II [M].Cambridge: Cambridge University Press, 2017.

[9] SARTON G. Hellenistic Science & Culture in the Last Three Centuries B.C. [M].Mineola: Dover Publications, 1959.

[10] STEIN S. Archimedes: What Did He Do Besides Cry Eureka? [M].Washington D. C.: The Mathematical Association of America, 1999.

2019 年 6 月 21 日

阿基米德的方法[①]

在阿基米德对科学的贡献中，用"穷竭法"计算面积和体积是常被提及的——在一定程度上可视为微积分思想的滥觞，从而是极重要的。不过这个系列是随笔而非通史，独特性重于全面性，故而倾向于不谈——或少谈——别人已谈得很多的东西。

我们来谈点儿别的。

阿基米德的杠杆原理（principle of the lever）也是常被提及的，不过阿基米德是如何推导这一原理的，多数读者大概并不清楚，我们就从这里切入。沿这个话题，我们还将介绍阿基米德用杠杆原理计算球和锥体的体积，这是现代读者极少有机会接触的奇异而精彩的推理。本文的介绍将略带"技术性细节"，还是那句话，希望我的 21 世纪读者不至于被本质上是公元前的"技术性细节"吓跑。

在《论平面图形的平衡》一书的开篇，阿基米德给出了有关杠杆平衡的若干公设，其中的前三条为（本文中的所有命题及证明皆以现代术语做了转述，文中的平衡皆指杠杆的平衡，距离皆指离杠杆支点的距离）：

- 相同的质量在相同的距离上相互平衡，相同的质量在不同的距离上不会平衡，而会往距离大的一侧倾斜。
- 若两个质量相互平衡，则往一个质量上添加质量会造成往添加质量的一侧倾斜。
- 若两个质量相互平衡，则从一个质量中去除质量会造成往质量不变的一侧倾斜。

利用这些公设，阿基米德证明了若干命题，其中的命题 3 是一个有关杠杆的定性

[①] 本文曾发表于《Newton 科学世界》2019 年第 9 期（科学出版社出版）。

结论：

- 若两个不同的质量相互平衡，则大的质量对应于小的距离。

这一命题的证明是这样的：设 $M>m$ 为两个质量的关系，D 和 d 为两者对应的距离，需要证明的是 $D<d$。为此，从质量 M 中去除质量 $M-m$，则依公设 3，这会造成往 m 一侧倾斜。但这跟 $D=d$ 和 $D>d$ 都矛盾（因此时两个质量相同，故依公设 1，$D=d$ 意味着平衡，$D>d$ 意味着往 M 一侧倾斜）。这说明 $D<d$，证毕。

这种定性结论非阿基米德所独有，在他之前一些古老的文明就已经有了同样的结论，比如公元前 4 世纪的中国古籍《墨经》中就有类似的记述。但是，定量的杠杆原理，且纳入公理化体系予以证明，则是阿基米德的独家秘籍。为证明杠杆原理，阿基米德首先证明了两个有关质心的命题，本质上是说对称分布的质量，其质心在对称中心①。接着，阿基米德分两个命题（命题 6 和命题 7）证明了杠杆原理，即：

- 若两个质量相互平衡，则对应的距离反比于质量。

第一个命题（命题 6）针对的是两个质量可公度（commensurable）的情形。证明是这样的：设两个质量分别为 $m\Delta$ 和 $n\Delta$（m 和 n 为正整数）。若 $m=n$，命题由公设 1 直接可证，故不失普遍性可设 $m>n$。在下图中，设 C 为杠杆支点，$m\Delta$

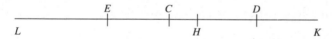

和 $n\Delta$ 分别位于 E 和 D，且 $CD/EC=m/n$（即对应的距离反比于质量），需证明的是 $m\Delta$ 和 $n\Delta$ 平衡。为此，首先引进 CD 和 EC 的"公约数" d，使 $CD=md$，$EC=nd$。然后在 ECD 及延长线上取 L、H、K 三点，使 LE 和 EH 都等于 CD（即都等于 md），HD 和 DK 都等于 EC（即都等于 nd）。显然，这样一来 LK 可用长度 d 分割为 $2m+2n$ 个相等的段落，若每段的中心放一个质量 $\Delta/2$，则 LH 之间的所有质量

---

① 为节省篇幅，同时也为了不偏离主线，对这两个命题就不作介绍了。不过有一点值得说明，那就是阿基米德在证明这两个命题时援引了自己证明过的一个结论，即两个物体的联合质心在各自质心的连线上，但该命题在现存的阿基米德著作中并未找到，从而可视为失传著作的证据或线索。

的总和为 $m\Delta$，质心在对称中心 E，HK 之间的所有质量的总和为 $n\Delta$，质心在对称中心 D。因此 $m\Delta$ 和 $n\Delta$ 的平衡问题等价为均匀分布在 LK 上的 $2m+2n$ 个相同质量的平衡问题，而这是明显平衡的，因为杠杆支点 C 的两侧的线段 LC 和 CK 的长度都是 $(m+n)d$，从而对称地分布着 $m+n$ 个质量 $\Delta/2$[①]。

第二个命题（命题 7）则是针对两个质量不可公度（incommensurable）的情形。证明是这样的：设两个质量分别为 M 和 m。在下图中，设 C 为杠杆支点，M 和 m 分别位于 E 和 D，且 $CE/DC=m/M$（即对应的距离反比于质量）。若 M 和 m 平衡，则命题得证。若 M 和 m 不平衡，则不失普遍性可假定往 M 一侧倾斜，在这种情形下，可从 M 中去除一个很小的质量 ε，小到不至于改变往 M 一侧倾斜，却使得 $M-\varepsilon$ 与 m 可公度[②]。此外，由 $CE/DC=m/M$ 可知 $CE/DC<m/(M-\varepsilon)$，而由已证明的针对两个质量可公度的情形，可推知这种情形下 $M-\varepsilon$ 和 m 不平衡，且往 m 一侧倾斜[③]。这跟 ε 小到不至于改变往 M 一侧倾斜相矛盾，这说明 M 和 m 不平衡的假设不成立。故命题得证。

关于杠杆原理，据说阿基米德说过一句豪言：给我一个支点，我就能撬动地球（Give me the place to stand, and I shall move the Earth）。但这句话只是后人的传颂，在现存的阿基米德著作中并无佐证，是否出自阿基米德，怕是无法确证了。但阿基米德对杠杆原理的一种奇异而精彩的运用，却记录在他的《方法论》一书中，值得介绍。

《方法论》是一本极为独特的书，记叙了阿基米德发现某些定理的方法，具

---

① 细心的读者也许会抱怨此证明的不甚严谨，因为由公设所谈论的质量到此处反复使用的质心，隐含了在此类问题中——起码在质量对称分布时——可用质心取代质量分布的思想，却并未以足够清晰的方式加以论述或列为公设，从而有一定的逻辑断层。这种抱怨是有道理的，不过这有可能是著作不全造成的，一般认为（并且如 P85 页脚注所显示的），阿基米德有关质心的某些论述失传了。
② 这里其实隐含了一些假设，感兴趣的读者请想一想，隐含了什么假设？
③ 这其实不是一个完全平庸的推论，感兴趣的读者试着证明一下。

体地说是源自静力学分析的方法,这也是阿基米德作为纯数学和实用领域的双料巨星的特殊优势。我们将介绍该书中的命题2,这一命题是用杠杆原理计算球和锥体的体积,含两个结论:一个是球的体积是以其大圆面为底,以其半径为高的圆锥体积的4倍;另一个是球的体积是以其大圆面为底,以其直径为高的圆柱体积的2/3。

为证明这一命题,阿基米德引进了一个底面直径2倍于球直径,高等于球直径的大圆柱(体积为命题中的圆柱体积的4倍——因底面半径是其2倍),以及一个相应的大圆锥(体积为命题中的圆锥体积的8倍——因底面半径及高皆为其2倍)。大圆柱、大圆锥与球之间呈下图左侧所示的关系,下图右侧则是三者在经过球心的任意垂直截面上的关系。其中AC和BD皆为球直径,MS及其延长线是任意水平线(对应于横切大圆柱的任意截面),O、Q、S分别为该水平线与球、大圆锥及直径AC的交点。HA则是一条辅助线,长度等于球直径(即HA=BD=AC=MS)。但跟如今的中学生们熟悉的辅助线不同,阿基米德的这条辅助线是静力学意义上的辅助线,是以A为支点的杠杆HS的一条臂。

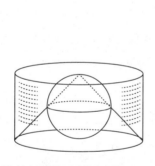 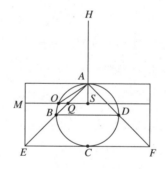

阿基米德的证明思路是这样的:对于MS所对应的横切大圆柱的任意截面,他首先证明其所截出的大圆柱的截面(面积为πMS^2),与其所截出的球的截面(面积为πOS^2)及大圆锥的截面(面积为πQS^2)可通过以A为支点的杠杆HS相平衡,具体的平衡方式是将球及大圆锥的截面重心移至H。由于大圆柱的截面重心在S,依据杠杆原理,这种平衡的要求是:$AS \times \pi MS^2 = HA \times (\pi OS^2 + \pi QS^2)$,也即(注意到HA=MS,并约去$\pi$):$AS \times MS = OS^2 + QS^2$。注意到QS=AS,从而$OS^2 + QS^2 = OS^2 + AS^2 = OA^2$,可进一步将平衡的要求转化为:$AS \times MS = OA^2$——而这,不妨留给读者重温一下中学几何。

由于 MS 是任意截面，因此上述结果相当于证明了在以 A 为支点的杠杆上，将球和大圆锥的每个截面的重心——从而也就是球和大圆锥本身的重心——都移到 H，可与大圆柱保持平衡①。由于大圆柱的重心离 A 的距离是球半径，而 HA 的长度是球直径，故由杠杆原理可知：

（球体积＋大圆锥体积）× 球直径 ＝ 大圆柱体积 × 球半径

当然，这里我们用体积取代了质量，因密度是一个可约去的常数。由于大圆锥体积是大圆柱体积的 1/3（这是欧几里得已经证明过的结果）②，球直径为球半径的 2 倍，大圆柱的体积是命题中的圆柱体积的 4 倍，经简单计算不难推知：

球体积 ＝（1/6）× 大圆柱体积 ＝（2/3）× 圆柱体积

这就是两个结论中的第二个。第一个结论至此也呼之欲出了，就留给感兴趣的读者自己试试吧③。

哪怕以两千多年后的眼光来看，阿基米德的这一思路也堪称神来之笔，令人高山仰止。当然，思路的奇巧也限制了它的适用面，大约只能是天才之专有。

据说阿基米德本人对上述结论也非常看重，嘱咐将一个内接于圆柱的球的图案刻在了自己的墓碑上。阿基米德去世一个多世纪后的公元前 75 年，哲学家马库斯·图利乌斯·西塞罗在一片已成废墟的墓地里——据他自己记叙——由这一图案认出了阿基米德的墓，并加以了修缮。

但时光最终还是抹去了传说中的阿基米德的墓，只有他的智慧是永恒的丰碑。

在本文的最后，对《方法论》这部著作再略作些评述。这部著作在古希腊先贤的著作中被认为有着特殊的重要性，因其他著作大都只记叙结论或证明，《方法论》却顾名思义地记叙了发现的方法。不过我虽很欣赏此书，某些科学史学家

---

① 显然，这里隐含了将截面视为薄层，将体积视为薄层之和的类似于积分的思路。
② 参阅《欧几里得与〈几何原本〉》的下篇。
③ 用现代读者熟悉的公式来表示，半径为 r 的球的体积为 $(4/3)\pi r^3$，以其大圆面为底，以其半径为高的圆锥的体积为 $(1/3)\pi r^3$，以其大圆面为底，以其直径为高的圆柱的体积为 $2\pi r^3$，阿基米德所证明的结果是一目了然的。但是，那些公式本身的证明并非轻而易举，阿基米德正可被视为其鼻祖之一。

对其重要性的推崇在我看来却似有些夸张。比如荷兰科学史学家戴克斯特豪伊斯认为其他古希腊数学著作中的严整的逻辑掩盖了发现的方法，惟有《方法论》才揭示了后者。这在我看来似乎是过于绝对地将严整的逻辑与发现的方法对立了起来。诚然，严整的逻辑往往是"后期制作"，但许多数学发现本就出自逻辑，纵然经过"后期制作"，也未必就掩盖了发现的方法。而《方法论》所用的源自静力学分析的方法，哪怕原汁原味，由于思路的奇巧，对于揭示古希腊数学的发现方法未必有很大的代表性，甚至对于阿基米德本人，恐怕也只代表其方法的一个很有限的侧面。

参考文献

[1] DIJKSTERHUIS E J. Archimedes [M].Princeton: Princeton University Press, 1987.

[2] HEATH T L.The Works of Archimedes [M].Cambridge: Cambridge University Press, 1897.

[3] HEATH T L.The Method of Archimedes: Recently Discovered by Heiberg [M].Cambridge: Cambridge University Press, 1912.

[4] HIRSHFELD W. Eureka Man: The Life and Legacy of Archimedes [M].New York: Walker & Company, 2004.

[5] SARTON G. Hellenistic Science & Culture in the Last Three Centuries B.C. [M].Mineola: Dover Publications, 1959.

[6] STEIN S. Archimedes: What Did He Do Besides Cry Eureka? [M].Washington D. C.: The Mathematical Association of America, 1999.

2019 年 7 月 16 日

尺规作图三大问题的早期历史[1]

　　一直追随我们这个科学史随笔系列的读者也许会注意到一个特点，那就是在迄今为止的古希腊部分里，数学占了很大比例。这不是偶然的，因为古希腊科学中最具持久性的成果大都是数学成果——而这本身也不是偶然的。

　　在现代科学哲学中，数学跟自然科学是有分别的，我们虽无意细谈这种分别，却不妨用爱因斯坦的一句话来概述。在一次题为《几何学与经验》的演讲中，爱因斯坦曾经说道："只要数学命题是涉及实在的，它们就不是可靠的；只要它们是可靠的，它们就不涉及实在。"

　　这句话精辟地显示出了数学的特点。从自然科学的视角看，这种特点有一定的悖理性：因为早期的数学概念往往来自自然科学，来自实在，但我们越崇尚数学的可靠性，就必须越承认它与自然科学的分别，以及与实在的距离[2]。在人类思想史上，直到近代仍有知名学者——比如法国哲学家勒内·笛卡儿——试图以纯粹思辨来研究自然科学，结果往往错得很离谱，因为纯粹思辨最适于研究的，其实是数学；而数学与自然科学的分别，以及与实在的距离，则正是以纯粹思辨研究自然科学的最大软肋。

　　由于在实验科学诞生之前的年代里，纯粹思辨不可避免的是研究自然的主要手段，因此，在数学以外的领域往往错得一塌糊涂——虽然很多开风气之先的贡献依然令人景仰，最具持久性的成果则大都是数学成果。

　　也因此，这篇随笔依然要谈数学。

　　美国斯坦福大学的已故数学史学家威尔伯·诺尔（Wilbur Knorr）曾经表示，

---

① 本文曾发表于《Newton 科学世界》2019 年第 11 期（科学出版社出版）。
② 不过，数学与科学的关系极为密切，相互间有着深刻的互动，最低限度也扮演着科学的语言和工具的作用。因此在谈论科学或科学史时，绝不应拘泥于名称或哲学之见，把数学或数学史排除在外。也因此，我们这个科学史随笔系列在选材方面是将数学与科学一视同仁的。

古希腊数学里的"问题"（problem）是专指作图问题。而据数学史专家托马斯·希斯引述的公元 4 世纪的希腊数学家帕普斯的说法，古希腊人将作图问题分为三类：可用（不带刻度的）直尺和圆规解决的被称为"平面型"（plane）；需辅以圆锥曲线的被称为"立体型"（solid）；需辅以螺线（spiral）等其他曲线的被称为"线型"（linear）[①]。

由于数学很早就有一种追求"最简"的趋势，因此一个作图问题如果是"平面型"，人们通常就不希望用到"立体型"或"线型"里的工具，这种追求使"尺规作图"这一"平面型"的作图框架获得了特殊的重要性。一般认为，"尺规作图"是公元前 5 世纪的希腊数学家恩诺皮德斯（Oenopides）提出的。欧几里得承袭了这一框架，在《几何原本》中用两条公设（公设 1 和公设 3）确立了"尺"和"规"的基本操作，并解决了大量的作图问题，使之更为著名。而这一框架的著名，又使得"倍立方"（doubling the cube）、"三等分角"（angle trisection）、"化圆为方"（squaring the circle）这"尺规作图三大问题"因无法纳入这一框架而从反面暴得了大名。

这篇随笔就来谈谈"尺规作图三大问题"。

罗马时代的作家普鲁塔克曾转述他人的回忆，将"倍立方"问题回溯到柏拉图时代。据他记叙，有人恳请柏拉图解决一个据说来自神谕的几何问题：使一个立方体祭坛的体积加倍，以便消弭一场瘟疫。对几何怀有热忱的柏拉图则"狡猾"地表示，这一神谕的用意乃是让希腊人多学点几何。不过在推介几何的同时，柏拉图对解决途径也做了提示，称这一问题的解决有赖于找到一对给定线段的两个比例中项（mean proportional）。

这个故事因过于契合柏拉图对几何的热诚，被怀疑有可能是柏拉图学院的人自己炮制的，而"倍立方"问题则被认为有可能在那之前就已有一定知名度（从而值得炮制故事）。故事给出的将"倍立方"问题转化为寻找两个比例中项的提示，也被认为有可能并非出自柏拉图，而是比柏拉图更年长的古希腊数学家希波

[①] 对现代读者来说，这种分类是很能把人搅糊涂的。比如工具限制最宽泛的"线型"（linear）的现代词义为"线性"，仿佛只适合跟直尺相匹配，以字面而论甚至比工具限制最严苛的"平面型"还要严。

克拉底（Hippocrates）提出的。不过，故事的细节虽可争议，将"倍立方"问题转化为寻找两个比例中项的提示倒是货真价实的。因为对于长度为 a 和 b 的一对给定线段，若能找到长度为 x 和 y 的两个比例中项，即 a:x=x:y=y:b，则很容易证明，如果 b=2a，则 $x=\sqrt[3]{2}\,a$ 正是让边长为 a 的立方体体积加倍所需的边长，从而可以解决"倍立方"问题。将"倍立方"问题转化为寻找两个比例中项的提示，则被认为是将一个数学问题转化为另一个数学问题的最早的例子。

不过将一个数学问题转化为另一个数学问题只是提示了可能的解决途径，却不等于解决问题。"倍立方"问题最早的解决之一是由比柏拉图晚了约半个世纪的古希腊几何学家梅内克缪斯（Menaechmus）给出的。在数学史上，梅内克缪斯被认为是最早定义圆锥曲线（conic section）的人，而他之所以定义圆锥曲线，据信正是为了解决"倍立方"问题。

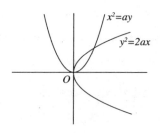

"倍立方"问题的解决

用现代解析几何来复述，梅内克缪斯对"倍立方"问题的解决用了两条抛物线：$x^2=ay$ 和 $y^2=2ax$。不难证明，这两条抛物线除原点以外的交点的 x 坐标为 $x=\sqrt[3]{2}\,a$，正是让边长为 a 的立方体体积加倍所需的边长[①]。当然，梅内克缪斯的这

---

① 有人可能会问：梅内克缪斯是如何作出那两条参数中带 a 的抛物线的？他的作法是这样的（以其中的 $y^2=2ax$ 为例）：用一个顶点为 A 顶角为直角的正圆锥（圆锥是作圆锥曲线的基本道具，地位类似于直尺和圆规，所谓"正圆锥"，则是指对称轴与底面相垂直的圆锥），在圆锥面上与顶点相距为 a 的 B 点作一个垂直于 AB 的截面。可以证明，该截面与圆锥面相交所成的曲线为抛物线，其在截面内以 B 为原点某个显而易见的直角坐标系里的方程为 $y^2=2ax$。另外顺便可以指出的是，解决"倍立方"问题所需的虽只是抛物线，但梅内克缪斯被认为对椭圆和双曲线也做了定义，所用的截面不变（即依然垂直于 AB），改变的是圆锥的顶角——顶角为锐角时截面与圆锥面相交所成的曲线为椭圆，为钝角时则为双曲线。

一解决方法由于用到抛物线，超出了"尺规作图"的框架，按帕普斯的分类，相当于将"倍立方"问题划为了"立体型"问题。

跟"倍立方"问题相比，"三等分角"问题没什么故事，有可能只是源自与三等分线段的简单类比，或者跟构造正多边形有关——比如构造正九边形就需要三等分 60° 角；"化圆为方"问题则据罗马时代的作家普鲁塔克的说法，是公元前 5 世纪的古希腊哲学家阿那克萨哥拉（Anaxagoras）因宣称太阳不是神而遭牢狱之灾时，在狱中为打发时光而思考的问题。

这两个跟"倍立方"齐名并且差不多古老的问题也没有难倒古希腊的先贤。我们在这里介绍一种并非最早，却可以同时解决这两个问题的方法，这个方法恰好冠着我们先前介绍过的阿基米德的大名——即用到了所谓阿基米德螺线（Archimedean spiral）。

我们在"阿基米德的著作"一文中曾经说过，跟同时代的其他数学家相比，阿基米德的版权意识强得多，在他的著作中，涉及别人的研究之处常会注明。阿基米德螺线就是一个例子，虽冠着阿基米德的大名，"发明权"其实是被他归于了同时代的古希腊天文学家兼数学家科农（Conon of Samos）。不过无论"发明权"归谁，阿基米德对这一螺线的研究之深入非前人可比，冠名也算实至名归。

用现代极坐标来表示，阿基米德螺线指的是由方程式 $r=a\theta$ 所定义的平面曲线，其中 a 为常数。

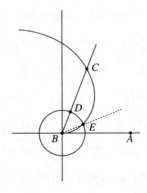

"三等分角"问题的解决

利用这一定义，"三等分角"问题的解决是完全直截了当的：假设 $\angle ABC$ 是需要三等分的角，取 B 为极坐标原点，以 AB 为极轴 θ=0，设 C 为 ∠ABC 与阿基米德螺线的交点，则利用阿基米德螺线上任意一点离原点的距离正比于角度，可以将三等分角归结为三等分距离：即取 BD=BC/3，以 BD 为半径的圆与阿基米德螺线的交点 E 所对应的极轴 BE 与 AB 的夹角 ∠ABE 显然就是 ∠ABC 的 1/3（因为 BE=BD=BC/3）。

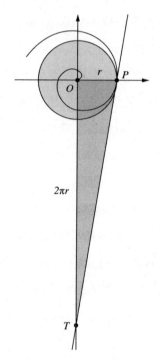

"化圆为方"问题的解决

解决"化圆为方"问题则比较微妙，需要用到阿基米德螺线的切线。阿基米德在《论螺线》(*On Spirals*) 一书中证明了这样一个命题（命题 18）：设 P 为阿基米德螺线转完一圈与水平极轴 θ=0 的交点，P 点处的切线与垂直向下的极轴 θ=3π/2 的交点为 T，则 OT/OP=2π。这个命题可以用现代方法来简单地证明一下：令 ∠TPO=φ，则 OT/OP=tanφ；此外，φ 乃是阿基米德螺线在 P 点的切线与水平极轴的夹角，用大家熟悉的直角坐标来表示的话，tanφ=Δy/Δx，其中 Δx=Δr，Δy=rΔθ，因此 tanφ=rΔθ/Δr=rΔθ/aΔθ=r/a=θ（当然，是在 Δθ→0 的极限下）。由于 P 为阿基米德螺线转完一圈与水平极轴的交点，因此 OT/OP=tanφ=θ=2π。

有了这一结果，就不难看到，直角三角形 OPT 的面积是 $1/2 OP \cdot OT = \pi r^2$（$r$ 为 OP 的长度），也就是半径为 OP 的圆的面积。由此，"化圆为方"问题就变成了作一个与直角三角形 OPT 等面积的正方形的问题，而这是非常容易的[①]。

不过细究起来，利用阿基米德螺线解决"化圆为方"问题由于用到了阿基米德螺线的切线，能否称之为解决是大可商榷的。阿基米德本人或许意识到了这一点，故而只是从论证阿基米德螺线的切线性质的角度进行了研究，却并未宣称解决了"化圆为方"问题，这方面我们就不细叙了[②]。

当然，用阿基米德螺线解决"三等分角"和"化圆为方"问题由于用到阿基米德螺线，也超出了"尺规作图"的框架，按帕普斯的分类，相当于将"三等分角"和"化圆为方"问题划为了"线型"问题。

"倍立方""三等分角""化圆为方"这"尺规作图三大问题"还有许多其他解决方法，在此就不赘述了。那些方法有一点是共同的，就是都用到了尺规以外的工具——也就是都超出了"尺规作图"的框架。这不是偶然而是必然的，但这种必然性直到两千多年后的 19 世纪才被证明。从这个角度讲，"尺规作图三大问题"与针对第五公设的探索一样，属于数学史上拖延最久才得到解决的问题。不过不同于后者的是，古希腊的先贤们似乎很早就意识到"尺规作图三大问题"并非"平面型"问题——也就是不能在"尺规作图"的框架内解决，从而很早就采用了其他方法，也因此未留下太多的失败尝试[③]。

而他们采用的所谓其他方法，比如用圆锥曲线或阿基米德螺线的方法——那些曲线在很大程度上都是为了解决"尺规作图三大问题"而提出的，则开创了数

---

① 比如欧几里得在《几何原本》第 2 卷的命题 14 中给出了构造与任意矩形等面积的正方形的"尺规作图"步骤，读者当不难将之改写为针对任意直角三角形。
② 不过，《论螺线》一书的命题 13 证明了直线与阿基米德螺线相接触时必定只在一点上接触。将这一命题与阿基米德偏好的用力学方法解决数学问题的思路结合起来，可以设想用一把直尺与阿基米德螺线相接触，并通过滑动使接触点为 P，如此便作出了阿基米德螺线在 P 点处的切线。
③ 倒是现代的"民科"，哪怕在"尺规作图三大问题"已被证明为不可能在"尺规作图"的框架内解决之后，依然"前赴后继"地留尸于这一领域。

学发展的全新方向——尤其是圆锥曲线，成为了后世科学中极重要的数学元素。古希腊的先贤们在面对不可能问题时所展示出的创造力，甚至比势如破竹时的进展更能体现他们令人高山仰止的智慧。

参考文献

[1] BORCEUX F. An Axiomatic Approach to Geometry: Geometric Trilogy I [M].New York: Springer, 2014.

[2] BOYER C B, MERZBACH U C. A History of Mathematics [M].Hoboken: John Wiley & Sons, Inc., 2011.

[3] HEATH T. A History of Greek Mathematics: vol. I [M].Oxford: Oxford University Press, 1921.

[4] KNORR W R. The Ancient Tradition of Geometric Problems [M].Mineola: Dover Publications, Inc., 1986.

[5] SARTON G. Ancient Science through the Golden Age of Greece [M].Mineola: Dover Publications, Inc., 1993.

2019 年 7 月 31 日

阿波罗尼奥斯的《圆锥曲线论》[1]

阿波罗尼奥斯

在介绍尺规作图三大问题的早期历史时,我们曾提到,古希腊几何学家梅内克缪斯据信是为了解决"倍立方"问题,而提出了圆锥曲线。在他之后,很多其他数学家也对圆锥曲线做了研究,其中包括欧几里得和阿基米德。但圆锥曲线研究的集大成者,则是比阿基米德稍晚的希腊几何学家阿波罗尼奥斯[2]。

阿波罗尼奥斯最重要的著作是《圆锥曲线论》(*Treatise on Conic Sections*)。将三种圆锥曲线命名为椭圆、抛物线、双曲线的做法便出自该书(分别出自第 1

---

[1] 本文曾发表于《Newton 科学世界》2019 年第 12 期(科学出版社出版)。
[2] 这位阿波罗尼奥斯也被称为佩尔格的阿波罗尼奥斯(Apollonius of Perga),以区别于公元前 3 世纪的古希腊作家阿波罗尼奥斯及公元 1 世纪的希腊哲学家阿波罗尼奥斯,后两位也可冠以地名而分别称为罗德岛的阿波罗尼奥斯(Apollonius of Rhodes)和提亚纳的阿波罗尼奥斯(Apollonius of Tyana)。

卷的命题 11、命题 12、命题 13）①。经过两千多年的时光洗礼，这部总计 8 卷的著作的第 8 卷已不幸佚失，存世的 7 卷中，1~4 卷尚有希腊文抄本；5~7 卷皆源自阿拉伯文译本。《圆锥曲线论》的整理、翻译、评注者之中，包括著名英国天文学家爱德蒙·哈雷（Edmond Halley）。哈雷甚至做了很大努力试图恢复第 8 卷。

与《几何原本》相似，《圆锥曲线论》也以体系见长，不仅成为长时间难以超越的经典，而且也造成了同类著作因无法匹敌而失传。相应地，《圆锥曲线论》的作者阿波罗尼奥斯则是一位重量级人物。据公元 6 世纪的希腊数学家欧托修斯（Eutocius）"转发"的公元前 1 世纪数学家杰米纽斯（Geminus）的记述，阿波罗尼奥斯被其同时代人称为"大几何学家"（The Great Geometer）；美籍比利时裔科学史学家乔治·萨顿则称阿波罗尼奥斯为阿基米德之后一个时期里唯一可与阿基米德比肩的几何学家。但阿波罗尼奥斯的知名度——尤其对现代读者来说——却远逊于欧几里得和阿基米德，我们对其生平的了解也相当贫乏。而且因知名度的逊色，后人对阿波罗尼奥斯的记述也很少。不过幸运的是，《圆锥曲线论》所含的几篇书信形式的序言在这方面稍有弥补作用，为我们了解阿波罗尼奥斯的生平提供了一些线索。

据希腊数学史专家托马斯·希斯介绍，《圆锥曲线论》的序言曾被德国语言学家乌尔里希·冯·维拉莫维茨-默伦多夫（Ulrich von Wilamowitz-Moellendorff）列为古典希腊文的优美风格之典范。既如此，我们就摘译几段吧——这同时也是对全书内容的一个简介，至于"古典希腊文的优美风格"，在转译下自是无存，就不奢想了②。

阿波罗尼奥斯问候欧德马斯：

……我和你在帕加马相聚的时候，我注意到你热切地想要了解我在圆锥曲

---

① 最早定义圆锥曲线的梅内克缪斯对三种圆锥曲线的命名为直角圆锥曲线、锐角圆锥曲线、钝角圆锥曲线。

② 摘译所用的母本以希斯的英译本为主，间或参考了《科学传记词典》阿波罗尼奥斯词条所引的丹麦学者约翰·卢兹维·海贝尔的英译本片断，以及英国数学史学家杰拉德·J. 图默（Gerald J. Toomer）对 5~7 卷的英译本。

线方面的工作，因此我将修订过的第 1 卷寄给你。其余各卷一旦修订到令我满意的程度后，也会寄给你的。你肯定尚未忘记我告诉过你的，即我对这一课题的研究是几何学家纳格拉底来亚历山大港，与我在一起时，应他的要求而做的。当我将这一研究写成了 8 卷书之后，因他即将扬帆远行，我过于匆忙地全数交给了他。因此，那些书并未彻底修订过……也因此，我现在陆续将修订完的部分发布出来……

在 8 卷书之中，前 4 卷构成了一个初等介绍。第 1 卷包含了产生三种圆锥曲线和（双曲线的）反向分支的方式，以及其所蕴含的基本性质，阐述得比他人的著作更完整和普遍。第 2 卷包含了圆锥曲线的直径、轴以及渐近线的性质……你可以从这卷中了解到我所说的直径和轴的各自含义。第 3 卷包含了很多有关轨迹和交点的精彩而有用的定理，这些定理中最漂亮的是新的，它们的发现使我意识到欧几里得并未解决相对于三条和四条直线的轨迹问题……因为缺了我所发现的新定理的辅助，那是不可能解决的。第 4 卷展示了圆锥曲线相互之间以及与圆周之间的相交可以有多少种方式，以及其他一些附加话题，这些在我之前全都没人讨论过……

其余各卷多为题外话：其中一卷比较全面地处理了极大和极小，另一卷是关于圆锥曲线的全等和相似，还有一卷给出了一些旨在确定极限的定理，最后一卷是关于确定圆锥问题。当然，等到所有各卷都发表之后，所有阅读这些书的人都可依照自己的口味，形成他们自己的判断。

以上是第 1 卷序言的主要部分。这篇序言是写给帕加马王国（Pergamum）的一位名叫欧德马斯（Eudemus）的教师的，虽只是第 1 卷的序言，却对全书做了总括。不过这篇序言的有些概括并不准确，比如"圆锥曲线的直径、轴……的性质"虽列在第 2 卷，很多内容其实是在第 1 卷[①]。另外，所谓"最后一卷是关于确定圆

[①] 这里提到的圆锥曲线的"轴"和"直径"的定义分别由第 1 卷的定义 1 和定义 4 给出。用现代术语来说，"轴"是指对称轴，"直径"则是由任意一组平行弦的中点组成的——这个定义并非显而易见，因为蕴含了那些中点在同一直线上这一并非显而易见的性质，第 1 卷的命题 7 证明了这一性质。

锥问题"中的"确定圆锥问题"语焉不详,从哈雷对该卷的可信度不无争议的恢复来看,大都是指在一定条件下确定圆锥曲线直径的问题。

《圆锥曲线论》第 2 卷的序言非常简略,只是说派儿子将该卷带给欧德马斯,让后者与热爱这一课题的学生——尤其是菲洛尼底斯(Philonides)——分享。但尽管简略,这篇序言对了解阿波罗尼奥斯的生平却有不小的作用,因为其中提到的欧德马斯的学生菲洛尼底斯被认为生于公元前 200 年,卒于公元前 130 年,且欧德马斯是他的第一位老师。由此推断,这篇序言的撰写当在公元前 2 世纪的早期,此时阿波罗尼奥斯已有一个能替他送书的儿子,起码应是中年,学术生涯的活跃期则可推测为从公元前 3 世纪后期到公元前 2 世纪早期。

《圆锥曲线论》的第 3 卷没有——或未发现——序言,第 4 卷的序言则是写给一位名叫阿塔罗斯(Attalus)的人的(因为——如下面的摘译部分所述——欧德马斯已然去世)。这位阿塔罗斯被认为很可能是帕加马国王阿塔罗斯一世(King Attalus I)——此人的统治时间是公元前 3 世纪后期到公元前 2 世纪初,与阿波罗尼奥斯学术生涯的活跃期重叠。不过篇幅浩繁的《科学传记词典》的阿波罗尼奥斯词条却认为,阿塔罗斯若是国王,称呼中应有敬称,没有敬称则意味着不是国王①。阿塔罗斯到底是什么人,看来目前只能说尚无定论。下面摘译一些第 4 卷序言的片断。

阿波罗尼奥斯问候阿塔罗斯:

一段时间以前,我将自己有关圆锥曲线的八卷书中的前三卷寄给了欧德马斯并做了说明。但由于他已去世,而您对拥有我的著作怀有热诚,我决定将余下几卷献给您。我这次寄给您的是第 4 卷。……所有那些未曾在其他地方见过的内容,都需要用很多类型各异的新奇定理来解决,那些定理中的绝大多数我其实已在前三卷里给出了,其余则收录在本卷。这些定理对综合问题及交点问

---

① 但认为阿塔罗斯很可能是帕加马国王的人——比如萨顿——则认为没有敬称并不是问题,只不过体现了希腊文化可以像称呼普通人那样称呼国王的迥异于中世纪的自由气氛,可谓是"公说公有理,婆说婆有理"。

题都有很大用处。……哪怕不考虑这种用处，仅仅出于展示其本身之故，它们也该被认为是值得接受的，就像我们也会仅仅出于这一原因而接受数学中的很多其他东西。

译文中的两处省略一处是对第 4 卷内容的介绍——跟第 1 卷序言里的介绍相似，只是更详细些；另一处则是对前人工作的评述，大意是说前人虽做过一些工作，却不能令人满意。虽然第 1 卷和第 4 卷的序言都强调了对前人的超越，但一般认为，《圆锥曲线论》的前四卷有很大比例是承自前人——尤其是欧几里得和阿基米德。

《圆锥曲线论》其余几卷的序言也是写给阿塔罗斯的，其中第 5 卷的序言提到"确立了与最长和最短直线有关的命题"，并宣称有很高的原创度。这里所谓的"最长和最短直线"是指从不在圆锥曲线上的任意一点到圆锥曲线的最长或最短线段。第 1 卷序言里针对"其余各卷"所提到的"其中一卷比较全面地处理了极大和极小"指的就是第 5 卷对"最长和最短直线"的讨论。

第 6 卷和第 7 卷的序言都比较简单，分别对应于第 1 卷序言里针对"其余各卷"所提到的"另一卷是关于圆锥曲线的全等和相似"及"还有一卷给出了一些旨在确定极限的定理"，只是稍稍展开了一些。其中第 7 卷的序言表示"这一卷包含了关于直径及在直径之上构筑出的图形的很多新命题。所有这些命题都在很多类型的问题中有应用，尤其是在确定它们的可能极限方面"，对第 1 卷序言里含糊不清的"旨在确定极限的定理"稍有澄清作用——但所谓"极限"到底是什么，仍未明示。不过第 7 卷正文里的一些关于直径和轴的不等式可理解为确定了某种变化的界限，似为"极限"之意。第 7 卷的序言还特意提到了"第 8 卷……将要讨论并证明的有关圆锥曲线的问题中，有一类是很需要这些命题的"，从而在 7、8 两卷之间建立了关联，哈雷试图恢复第 8 卷的努力就在很大程度上基于这种关联。

关于阿波罗尼奥斯的《圆锥曲线论》，就介绍到这里。对现代读者来说，这部著作早已不是学习圆锥曲线的有效读物了，解析几何、射影几何等的崛起为圆锥曲线提供了简单、强大并且深刻得多的表述工具。用萨顿的话说，"现在还通过阿波罗尼奥斯来学习圆锥曲线将是愚蠢的"。在这点上《圆锥曲线论》明显逊色于《几何原本》，阿波罗尼奥斯的知名度之远逊，很大程度上也是因为这个——当然，跟题材的专门性也不无关系。

但《圆锥曲线论》的影响却是深远的。后世的知名数学家如吉拉德·笛沙格（Girard Desargues）、布莱兹·帕斯卡（Blaise Pascal）、皮埃尔·德·费马（Pierre de Fermat）、詹姆斯·格雷戈里（James Gregory）等都直接间接地受过它的影响。著名天文学家约翰内斯·开普勒更是用圆锥曲线奠定了行星运动定律的基础，并为牛顿万有引力定律的发现埋下了伏笔。阿波罗尼奥斯的《圆锥曲线论》虽久已淡出多数人的视野，却完成了很辉煌的历史使命。

参考文献

[1] CHARLES C G. Dictionary of Scientific Biography: vol. 1 [M].New York: Charles Scribner's Sons, 1981.

[2] APOLLONIUS.Treatise on Conic Sections [M].Cambridge: Cambridge University Press, 1896.

[3] FRIED M N. Edmond Halley's Reconstruction of the Lost Book of Apollonius's Conics [M]. New York: Springer, 2011.

[4] HEATH T. A History of Greek Mathematics: vol. 2 [M].Oxford: Oxford University Press, 1921.

[5] KLINE M. Mathematical Thought from Ancient to Modern Times: vol. 1 [M].Oxford: Oxford University Press, 1972.

[6] SARTON G. Hellenistic Science & Culture in the Last Three Centuries B.C. [M].Mineola: Dover Publications, 1959.

2019 年 10 月 10 日

第二部分

戴森、彭罗斯及其他

戴森印象记[1]

2020年2月28日,著名物理学家弗里曼·戴森(Freeman Dyson)在美国去世,享年96岁。

戴森去世的次日早晨,我收到《上海书评》编辑的微信,约写一篇关于戴森的文章。我说我只能写一篇不全面且并非一味"点赞"的文章。

诸位现在读到的就是这篇文章。

这篇文章之所以不全面,是因为戴森太全面了——他的兴趣涉及太多领域,我不仅没有时间追随,很多领域甚至没有兴趣追随,因此注定不能全面。至于并非一味"点赞",大家读下去就清楚了。

虽然文章不全面,我书架上和计算机里的戴森著作倒是比较全面的,只可惜聚书快而读书慢,已读过的只占一小部分。除戴森本人的著作外,我还读过美国作者 P. F. 舍维(P. F. Schewe)撰写的戴森传记《特立独行的天才》(*Maverick Genius*)的若干章节。这篇文章本质上是那些阅读的随感,也是阅读所得的戴森印象,故曰"印象记"。

最早读戴森是在二十多年前。当时我在复旦大学,不久将要赴美,最后几个月闲来无事,便从图书馆找了些闲书看,戴森的《宇宙波澜》也在其列。后来回想起来,当时读那本书印象最深的细节是:一位学生通过公开可查的资料,汇集了制造原子弹的步骤,精确得让戴森大吃一惊,在给了学生"A"("优")之后,嘱咐其烧掉文章。

多年之后,我重读了戴森此书的原版 *Disturbing the Universe*,印象最深的细节转为了他所记叙的跟理查德·费曼驱车横穿大半个美国的长途之旅。我甚至就

---

[1] 本文曾发表于《上海书评》(2020年3月17日),亦曾被收录于《读库2101》(新星出版社出版)。

那段记叙比对了费曼的自传，发现了一些有趣的差别（可参阅拙作《这个版本的事实》①）。

总之，戴森进入我的视野，最初就是因为《宇宙波澜》这本自传性的随笔，那也是戴森的第一本随笔。

现在回过头来说说戴森其人。戴森出生于英国，早年在英国学数学。他喜欢钻研困难问题，对量子物理也颇有兴趣。为了将戴森留在数学领域，他的数学教授投其所好，时常拿困难问题来吸引他。结果有一次，这个策略出了纰漏：教授给的问题太难了，而在数学和物理间举棋未定的戴森恰好许了个愿：若解决不了那个问题，就转行做物理。

结果戴森转行做了物理。

不过学数学的经历不仅为戴森做物理打下了重要根基，对他的研究风格也有深远影响。戴森在为自己的一篇数学论文撰写的自荐中，曾写过一段几乎是一生研究风格之写照的话："我这篇论文最让我珍视的成就，是在一个数学分支里成功运用了属于另一个看起来毫不相关的其他分支的数学思想。"戴森虽然转行了，但可以说，他终其一生都在试图打通各种"看起来毫不相关的"方法和领域。

戴森的物理生涯是从美国的康奈尔大学（Cornell University）开始的，师从于汉斯·贝特（Hans Bethe，1967年诺贝尔物理学奖得主）。在为戴森写推荐信时，与他只是一面之缘的英国物理学家杰弗里·泰勒爵士（Sir Geoffrey Taylor）写下了"尽管只有23岁，在我看来他是英国最好的数学家"那样的评语——当时G. H. 哈代（G. H. Hardy）、约翰·伊登斯尔·利特尔伍德（John Edensor Littlewood）、艾伦·图灵（Alan Turing）那样的数学大师都还在世，泰勒爵士的推荐信够拼的。

---

① 《这个版本的事实》收录于拙作《书林散笔：一位理科生的书缘与书话》（商务印书馆2020年11月出版）。

戴森到美国后很快跟费曼成了朋友。费曼是当时量子电动力学研究的核心人物之一，戴森抵达美国的那一年——1947年——则是量子电动力学发展的核心年份。那一年前后，日本物理学家朝永振一郎（Shin'ichirō Tomonaga）、美国物理学家朱利安·施温格（Julian Schwinger）及费曼各自独立地研究了量子电动力学（其中朝永振一郎的研究偏于框架性阐述，未作具体计算），并取得了重大突破。初来乍到的戴森则密切关注并深入钻研了他们的理论。

虽取得了重大突破，但当时量子电动力学的一个令人头疼的局面是：朝永振一郎、施温格及费曼的方法互不相同，搞不清彼此间是什么关系。其中朝永振一郎和施温格的方法相对传统，建立在公式推演之上——尤以施温格的推演最为繁复，甚至使《物理评论》（*Physical Review*）为他破例，允许公式超过页面宽度；费曼的方法则高度新颖，虽也不乏公式，却使用了一些图形——即如今大名鼎鼎的"费曼图"（费曼后来回忆说，他当时曾想，今后《物理评论》上若到处是这种图形该多好玩）。

这个令人头疼的局面成了戴森崭露锋芒的战场，也成了打通各种"看起来毫不相关的"方法的一个实践阵地。戴森进行这次实践的优势不仅在于他的数学根基，而且——用他自己的话说，还因为他是"唯一一个有机会跟施温格和费曼都进行过长时间讨论，且真正理解他们所做之事的人"。

1948年，刚从康奈尔大学转到普林斯顿高等研究院（Institute for Advanced Study）不久的戴森成功地证明了朝永振一郎、施温格及费曼的方法彼此等价；稍后，他又进一步证明了量子电动力学的可重整性（施温格和费曼的计算只涉及如今称为"单圈图"的情形，其重整化也只针对这一情形）。

不过戴森的研究遭到了当时主管高等研究院的美国原子弹之父J. 罗伯特·奥本海默（J. Robert Oppenheimer）的"不信任"。在戴森的报告会上，奥本海默频频打断戴森，提出各种质疑，以至于其他听众不得不趁奥本海默不在场时，安排戴森"开小灶"重讲一遍。最后，戴森的导师贝特亲自赶来"救场"，当着奥本海默的面，以自己的方式讲解了戴森的工作。不知是贝特讲得更清楚还是奥本海默给贝特面子，贝特的讲解终止了奥本海默的质疑。最后，在戴森做完了全部报告的次日早晨,他收到了奥本海默的一封信,里面只有一句话:"我投降"。

1949年,戴森这一研究的两篇论文发表在了《物理评论》上。

在戴森从事这一研究时,费曼方法的很多细节尚未发表,戴森可算是最早知晓并认真看待费曼方法的寥寥数人之一。不过略带戏剧色彩的是,戴森的论文完成后,曾寄了一份给费曼,费曼却让一个学生去研判它的价值,结果学生作出了否定判断,于是费曼——起码在当时——不曾阅读戴森的论文。但不管怎么说,戴森的论文打破了量子电动力学的令人头疼的局面,而量子电动力学是当时的热门,因此戴森的论文也成了热门,戴森的名字开始跟施温格和费曼的相并列,施温格的方程式开始被一些人称为"施温格-戴森方程式",费曼图也一度被称为"费曼-戴森图"……在发表后的数年间,戴森的论文几乎成了量子电动力学的圣经,被援引的次数甚至超过费曼的论文,使费曼有些不快。

不过到了1965年,当朝永振一郎、施温格及费曼因量子电动力学研究获得诺贝尔物理学奖时,却是戴森坐了冷板凳。对于戴森的没有获奖,他的一些朋友为他鸣过不平,比如杨振宁(1957年诺贝尔物理学奖得主)认为戴森对量子电动力学可重整性的证明应该得诺贝尔奖,史蒂文·温伯格(1979年诺贝尔物理学奖得主)和弗兰克·维尔切克(Frank Wilczek,2004年诺贝尔物理学奖得主)也认为戴森应该得诺贝尔奖。当然,"民意"也并非一面倒,比如默里·盖尔曼(Murray Gell-Mann,1969年诺贝尔物理学奖得主)就认为戴森的工作只是调和朝永振一郎、施温格及费曼的工作,够不上诺贝尔奖级别。我比较认同盖尔曼的看法。戴森的量子电动力学工作虽然漂亮,也很见功力,但偏于数学,且确实只是一种调和性的工作,在开创性上不能与朝永振一郎、施温格及费曼相提并论,诺贝尔物理学奖很少颁给这种类型的工作。诺贝尔奖的提名数据也在很大程度上印证了盖尔曼的看法:戴森只在1964年得到过一次提名,而朝永振一郎在1951年到1965年间得到过15次提名,施温格在1951年到1966年间得到过30次提名,费曼更是在1956年到1965年间得到过48次提名。因此朝永振一郎、施温格及费曼的得奖乃是众望所归。

对于没有获奖一事,戴森本人倒不失幽默,在某一次被问及此事时回答说:

"被问及你为什么没得奖比被问及你为什么得奖要好。"另外，对量子电动力学本身，戴森也并未看得很重。2006 年，他在发表于《今日物理学》(Physics Today)上的一段评论里写道，"在 1949 年时，我们认为量子电动力学只是一种偷工减料的结构。我们认为它连 10 年都撑不到就会被更坚实的理论所取代……我为大自然如此精确地依照我们 57 年前草率谱写的旋律起舞而感到惊讶……"

戴森的量子电动力学研究是他在物理学上最重要的贡献，也是我最早读到的他的工作。关于这一工作，还有一点可略作补充，那就是戴森对量子电动力学可重整性的证明其实有几处缺陷。1950 年，巴基斯坦物理学家阿卜杜勒·萨拉姆（Abdus Salam，1979 年诺贝尔物理学奖得主）就戴森论文中语焉不详的所谓"交叠发散"(overlapping divergence，戴森自己称之为 b-divergence) 问题当面请教了戴森，戴森表示自己并未解决这一问题，而只是对解决方式做了猜测。当时的戴森已是一些年轻物理学家的偶像，他的论文已成经典，因此他的回答让萨拉姆颇为吃惊——同时也对戴森的坦诚深感钦佩。几个月后，萨拉姆通过推广戴森的方法，自己解决了"交叠发散"问题。除"交叠发散"问题外，戴森对某些费曼积分的收敛性也只是作出猜测而未证明，后来是温伯格于 1960 年给出了证明。

在量子电动力学研究之外，我读到的戴森的另一项——也偏于数学的——研究是涉及随机矩阵理论的工作。戴森的这一工作源自他对原子核能级问题的探索，后来却出人意料地跟黎曼猜想产生了关联。那种关联我在拙作《黎曼猜想漫谈》中作过记叙（参阅该书第 17、18 两章）[①]，这里就不赘述了。随机矩阵理论与黎曼猜想之间的关联是我昔日对黎曼猜想产生兴趣，乃至撰写《黎曼猜想漫谈》的缘起之一，从这个意义上讲，戴森对我"科普作家"这一非职业身份的形成可说是产生过间接却重要的影响。戴森自己对随机矩阵理论与黎曼猜想之间的这一打通各种"看起来毫不相关的"领域的关联也很是着迷，曾将随机矩阵理论比喻为冰山，将自己最初想要探索的原子核能级问题比喻为冰山的尖角，将跟黎曼猜想等的关联比喻为冰山的主体。

---

① 《黎曼猜想漫谈》于 2016 年 9 月由清华大学出版社出版。

戴森进入我"印象记"的其他"遭遇"就基本上不属于"硬科学"了。其中印象较深的一次出现在我很喜爱的科幻系列剧《星际旅行:下一代》(*Star Trek: The Next Generation*)中,涉及的是"戴森球"(Dyson sphere),剧集的名字则是《遗迹》(*Relics*)。不过在那集故事里,一艘星际飞船被"戴森球"的引力俘获而撞上了后者,其实是完全不可能的——因为在戴森的构想中,"戴森球"是一个由无数部件组成的环绕恒星的非刚性球面结构,厚度不超过数米,离恒星的距离则跟智慧生物居住的行星离恒星的距离相同。这样的球面结构的引力场是微乎其微的(学过万有引力定律的读者可以想一想为什么微乎其微),根本不可能靠引力俘获具有星际飞行能力的飞船。据说戴森本人虽然喜欢那集故事,对其背后的物理却也直言不讳地评论为了"胡扯"。戴森提出"戴森球"是在 1960 年,论文发表在知名刊物《科学》(*Science*)上,并被"搜寻地外文明计划"(Search for extraterrestrial intelligence, SETI)吸收为奠基性文件之一。不过在发表之前,他担心这种"研究"会被视为不务正业,特意向奥本海默做了"请示"(奥本海默给予了支持)。

像"戴森球"这样的构想是戴森越来越拓展的兴趣的一个缩影。在漫长的一生中,除数学和物理这两个老本行外,戴森还参与政府和军方的研究,涉足生物、工程、星际探索等诸多领域;相应地,他的身份也很多元,是教授,是智囊,是未来学家,也是随笔作家。戴森在报纸、杂志上发表了大量文章,他的文章包括书评、时评,他臧否人物、漫话古今,也阐释自己的各种思想。那些文章显著增加了他的影响力,并已大都结集成书。

戴森的研究和写作不仅致力于打通各种"看起来毫不相关的"方法和领域,而且还有一个鲜明特点,那便是有很大的叛逆性——对主流科学或主流观念的叛逆。他甚至将自己的一篇随笔及收录该随笔的书取名为《作为叛逆者的科学家》

（*The Scientist as Rebel*）。如果我们把叛逆本身也视为领域的话，那么戴森的叛逆或许是打通各种"看起来毫不相关的"方法和领域的另一种尝试——一种走到科学边缘甚至边缘之外的"蹦极"般的尝试。

戴森的叛逆不是秘密，甚至很高调，很早就被他的同事和朋友看出来了。他参与过的美国政府的智囊组织 JASON 的很多成员都曾回忆说，戴森喜欢提出标新立异的看法。比那更早，1948 年，当戴森还是相对传统的数学、物理领域内的研究者时，与他初识的美国物理学家亚伯拉罕·派斯（Abraham Pais）就敏锐地看出，"那家伙肯定是一个反传统的人"。派斯在晚年记叙这一印象时还补充说："我的这一看法从未改变过"。

不仅派斯的看法"从未改变过"，戴森的叛逆——包括任何具体的叛逆——一经形成，也基本上是从未改变过。这种叛逆的一个例子是他对所谓"全球暖化"（global warming）的异议。戴森早在 1972 年就涉足了这一领域，且在研究之初就定下了一个跟其他研究者相反的叛逆性目标：寻找积极因素。此后的半个多世纪里，无论全球暖化的证据如何变化，戴森寻找积极因素的视角从未改变过。从文字上看，他技巧性地避免了对全球暖化作出严格否定，但主张那种效应并非处处均一，也并非全无益处，强行遏制的代价则太大，等等。他在 2008 年发表的一篇有关全球暖化的书评中，还发挥"未来学家"的想象力，预计不出 20 年，最多 50 年，将能用基因工程等手段研究出所谓"吃碳树"（carbon-eating tree）来"吃掉"大气层中的二氧化碳。同时，他还多少有些"顾左右而言他"地主张，应把注意力转到比全球暖化更重要的其他全球议题上去。

戴森叛逆性的另一个例子是他对被多数科学家视为伪科学的"超感官知觉"（extrasensory perception，ESP）的支持。在 2004 年发表的一篇题为《百万分之一》（"One in a Million"）的书评中，戴森表示，超感官知觉虽然迄今没有任何科学实验上的证据，却并不意味着不存在——因为有可能只是科学实验的探测精度不够。这种将无论多小的可能性拿出来说事的做法在戴森的叛逆中是有代表性的。英国哲学家大卫·休谟（David Hume）早在 18 世纪就曾指出过，我们无法绝对严格地证明现实世界的任何命题。类似地，我们也无法绝对严格地否定现实世界的任何命题。但严肃的科学或哲学讨论通常都不会只凭这一点就试图确立一种观点——因为否则的话，任何观点都可确立，任何讨论都是多余了。仅仅因为零证据并不意味着严格否定，就将超感官知觉的存在与不存在并举，在抠字眼的意义上虽无破绽，却是一种和稀泥的做法。更何况，科学实验的探测精度虽然有限，却远胜于人类知觉，若认为科学实验的探测精度还不够，又凭什么相信科学实验以外的那些基于人类知觉的"证据"呢？为了支持超感官知觉，戴森甚至祭出了丹麦物理学家尼尔斯·玻尔（Niels Bohr）的互补原理（principle of complementarity），表示对超感官知觉来说，应该既可以用科学的角度看，也可以用艺术和宗教的角度看，就像光既可以作为波来研究也可以作为粒子来研究一样。对这种云山雾罩的类比，我只能套用已故中国玻尔研究者戈革的一句评论："完全是胡扯"（戈革评论的是派斯对互补原理的阐释，那比戴森的这种类比靠谱多了）。

2007 年，戴森为一本题为《超常感知》（*Extraordinary Knowing*）的书撰写序言，再次力挺超感官知觉。在那篇序言里，戴森表示，作为科学家，他并不相信有关超感官知觉的轶闻，但作为一个人，他愿意相信，而且觉得那些轶闻很有说服力。若单单这么说，倒不失为理性与感性相交融的随笔式的坦率。但很快，戴森就用完全确定的语气宣布了立场："超感官知觉是真实的，正如那些轶闻式证据所显示的，但不能用粗糙的科学工具来检验"。有道是：超常的主张需要超常的证据。拿"轶闻式证据"（anecdotal evidence）来确立如此超常的主张，不仅断定超感官知觉是真实的，而且宣称不能用粗糙的科学工具来检验，确实够叛逆的。

在戴森的所有叛逆性思想中，最引人注目也最让我不以为然的是他关于宗教的观点。1986 年，戴森参加了一个天主教主办的大会，并作报告。报告的内容后来整理成了一篇题为《赞美多样性》（*In Praise of Diversity*）的文章。在那篇文章里，戴森表示，科学和宗教都在探索真理，是探索真理的两大途径。并且他对进化论与神创论各打五十大板，主张两者要彼此尊重。这种以"赞美多样性"为名义，将天差地别的东西等量齐观的做法，跟将无论多小的可能性拿出来说事可谓异曲同工，也是一种和稀泥。

在《全方位的无限》（*Infinite in All Directions*）一书中，戴森表示，科学只适用于描述宇宙内部的现象,因此自然定律的选择及宇宙初始条件的选择都不属于科学范畴,在这种科学不能解释的事情上,神学未必没有发言权。且不说自然定律的"选择"及宇宙初始条件的"选择"(这"选择"二字本身就用得有些暧昧)是否真的不属于科学范畴,是科学不能解释的事情,哪怕是,也抬高不了神学的地位。科学不能解释,不等于神学(或任何张三李四的"理论")就自动变成"接盘侠",也不等于科学和宗教(或任何张三李四的"理论")就成了探索真理的两大(或 N 大)途径。压低一样东西并不能自动抬高另一样东西,后者需要独立论证。对于像戴森这样以科学有不能解释的事情为由抬高宗教的做法,英国生物学家理查德·道金斯(Richard Dawkins)曾做过一针见血的讽刺:"科学未能解释暗物质,因此耶稣系处女所生,摩西分开过红海水,穆罕默德乘有翅膀的马飞翔过。"

常有人把科学与宗教的分歧当成两种知识体系的分歧,把戴森那种和稀泥的宗教观视为心胸和眼界的开放。其实,科学与宗教的真正分歧是:真理必须接受检验与某本千年古书是免检的真理。不知什么样的雄辩家能从后者中辩出心胸和眼界的开放来。宗教是远古文化的化石,时代决定了它的水准不仅远低于现代科学,而且远低于在它之后出现却已被淘汰的无数科学或哲学理论。虽然从概率上讲,就连猴子敲击键盘也有可能敲出"真理",但靠本质上是基于千年古书的神学碰对"真理"的概率能有多少呢?在如此渺茫的概率面前,宗教却一味地斩钉截铁,连丝毫的谦虚都没有。这么大的荒谬在戴森的"赞美多样性"或"全方位的无限"的幌子之下被轻轻掩去,这是戴森式"开放"的最大弊端。

当然,戴森倒也并非传统意义下的教徒,他对宗教的看法也并非正统——或者说他相对于宗教也同样有叛逆性。比如他曾将"上帝"定义为"超越我们理解范围的头脑"(不知这种定义本身是否也是一种"理解",会让如此定义的"上帝"不存在。);他曾表示他去教堂只是为了音乐和友爱,而非学习;他甚至表示过《圣经》只是一部文学。这些都不是正统教徒的思想。不过,我的个人经验是:在宗教方面和稀泥的人,哪怕不是传统意义下的教徒,也往往会在某些方面流露出诡辩。戴森也不例外。

举个例子来说,温伯格在《最初三分钟》(*The First Three Minutes*)一书中写过一句很出名的话:"宇宙越是看上去可以理解,也就越显得无目的。"戴森对此不以为然,他的主张是宗教可以让人们理解宇宙的目的。将目的赋予万物在亚里士多德时代是流行的想法,直到18世纪仍不乏拥趸,在如今的科学界则只能算"叛逆"。戴森自己也承认这一点,在《全方位的无限》一书中表示,如果说温伯格"代言"的是20世纪,那么他偏好的则是18世纪(可惜科学并非古董,偏好18世纪实在无助于论述主张)。由于这种分歧,戴森和温伯格在长达数十年的时间里,断断续续进行着争论。在2010年发表的一篇针对温伯格随笔集《湖畔遐思》(*Lake Views*)的书评中,戴森对温伯格作出了一个很低级的指控,表示具有讽刺意味的是,对宗教信仰深怀敌意的温伯格居然信仰终极理论,以至于温伯格不得不提醒他,这种所谓"信仰"不过是认为终极理论值得尝试而已。其实,温伯格在诸多文字中对科学的特征——尤其是科学并非基于信仰,在科学上没有金科玉律等——作出过非常明确的表述,戴森不可能不知道(他们两人对彼此的文字是很熟悉的——无论是为了友谊还是争论)。比如在《爱因斯坦的错误》(*Einstein's Mistakes*)一文中,温伯格曾写道"通过表明即便是最伟大的科学家所犯的错误也被我们所承认,我们为那些据说在循其他途径寻求真理的人提供了一个很好的范例。我们意识到我们最重要的科学先驱也不是所有文字都必须被当成金科玉律的先知"。英文中的 believe(相信)、belief(信仰)等词在宗教和非宗教语境下都很常用,具有混淆的"潜质",但除非刻意诡辩,否则不难从上下文判断真实含义,故而在高层次的争论中很少被曲解。戴森却以抠字眼的方式将宗教和非宗教语境混为一谈,作出脱离语境的指控,不能不说是有些诡辩意味。

在同一篇文章的末尾,戴森还拿牛顿的信教来说事:"牛顿是虔诚的基督徒,对神学与对科学一样执着。牛顿不是傻瓜。"这种"逻辑"一向很受教徒青睐,连我在网上都不止一次碰到过,但戴森居然也拿它来用,还是很让人跌眼镜。哪怕撇开一个领域的智者未必是所有领域的智者这一因素不论,在一个演进的历史中,任何本质上凝固不变却自居为真理的东西,其愚昧性是与时俱增的。同样是信神,达尔文之后比达尔文之前愚昧得多,今天的信神更是远比牛顿时代的信神愚昧得多。对于牛顿的信神,温伯格在随笔集《仰望苍穹》(*Facing Up*)中曾做过点评:"牛顿、法拉第及其他过去的科学家深信宗教这一事实,表明宗教怀疑论并不是从一开始就统治科学的偏见,而是通过对自然界几个世纪的研究所得来的教益。"这才是演进的历史视角,身为"未来学家"的戴森的视角反倒是凝固的——这或许是在宗教方面和稀泥的必由之路吧。

戴森对温伯格那句"宇宙越是看上去可以理解,也就越显得无目的"不以为然的另一个原因是,他认为宇宙可以通过智慧生物显示目的,而智慧生物——基于早年以为的宇宙均匀膨胀——可能会永存。后来人们观测到了宇宙的加速膨胀,戴森承认那会消除智慧生物永存的可能,但辩解说:观测只代表过去,不排除未来的宇宙会继续均匀膨胀,使他的看法继续成立。这是将无论多小的可能性拿出来说事的又一个例子,但如此旗帜鲜明地以自己的立场为中心滥用可能性还是让我深感吃惊。诚然,可能性总是存在的,但倘若观测只代表过去,未来可随意假设,那要科学何用?退一步说,就算接受这种辩解,那戴森当初基于——也只代表过去的——宇宙均匀膨胀而提出智慧生物可能会永存时,为何不把未来的宇宙转为加速膨胀——从而推翻他观点——的可能性也列出来?这种一厢情愿的推理是鲜明的诡辩。

写了太多"大不敬"的话了,赶紧收尾吧——事实上,也差不多把我读戴森的随感或所谓"印象记"和盘托出了。随感不是传记,也不是人物研究,而只是随感,因此无论赞许还是"大不敬"都请以随感视之。一般来说,我是看不上在宗教方面和稀泥的现代人的,但戴森是一个例外,他经过的事,他见过的人——包括他本人——都是一部历史,值得细细品味。在《宇宙波澜》一书的末尾,戴森记叙了自己的一个梦:他梦见自己去见上帝,到了约定的时间却没见到上帝,只发现一串长长的台阶。于是他登上台阶,看见台阶顶部的"宝座"上躺着一个婴儿,对着他笑。戴森抱起婴儿,在一片寂静中,他忽然觉得自己想问上帝的问题全都得到了回答……很多年后，戴森将这个梦称为是他一生文字之最爱。我也喜欢这段文字——但只是作为随笔而喜欢。我觉得，以这样一个梦作结尾，使《宇宙波澜》染上了一层隐喻色彩，隐喻着戴森的漫长人生——由现实而梦幻，越来越梦幻……

最后，让我用美国物理学家马文·戈德伯格（Marvin Goldberger）对戴森的一句评语来结束全文："他也许会犯错，但从不乏味。"（He might be wrong, but never boring.）

弗里曼·戴森（1923—2020）

参考文献

[1] DYSON F. Disturbing The Universe [M].New York: Basic Books, 1981.

[2] DYSON F. Infinite in All Directions [M].New York: Harper & Row, 1988.

[3] DYSON F. The Scientist as Rebel [M].New York: New York Review Books, 2006.

[4] DYSON F. Dreams of Earth and Sky [M].New York: New York Review Books, 2015.

[5] SCHEWE P F. Maverick Genius: The Pioneering Odyssey of Freeman Dyson [M].New York: St. Martin's Griffin, 2014.

[6] SCHWEBER S S. QED and the Men Who Made It [M].Princeton: Princeton University Press, 1994.

[7] SCHWINGER J. Selected Papers on Quantum Electrodynamics [M].Mineola: Dover Publications, 2003.

2020 年 3 月 12 日

Lorenz 规范简史

不知有没有读者看到本文标题会闪出一个念头："Lorenz"（姑以"洛伦茨"为中译）拼错了，应为"Lorentz"（姑以"洛伦兹"为中译）[①]？本文要谈的正是这"Lorenz"和"Lorentz"之辨。

芝加哥大学的统计学教授史蒂芬·斯蒂格勒（Stephen Stigler）曾提出过一个所谓的斯蒂格勒定律（Stigler's law），宣称科学发现或科学定律都不是以原始发现者命名的。这当然不是真正的定律，且"都不是"也过于武断，但可举的例子确实很多，本文可算其中之一，甚至连斯蒂格勒定律自身亦是例子——这个1980年提出的"定律"不仅有若干大同小异的版本和名称，且起码可回溯至美国作家马克·吐温（Mark Twain）[②]。

本文不仅在具体内容上可算作斯蒂格勒定律的例子，且还在另一个方面暗合斯蒂格勒定律，那便是：本文的作者虽然是我，撰写的念头却是友人引发而非我自己萌生的。8年多前，一位友人在我主页的"繁星客栈"论坛上发帖说"Lorenz 规范"被许多人错成了"Lorentz 规范"。我吃了一惊（因为我也是"许多人"之一），随手在书架上核验了几本物理教材，结果发现几位很著名的作者亦在"许多人"之列，于是觉得这是个可以一写的话题。

[①] 有读者提到——并且我也同意，从读音上讲，"Lorenz"更接近"洛伦兹"，"Lorentz"更接近"洛伦茨"。不过中文里似乎已约定俗成地将"Lorentz"译成了"洛伦兹"（我手头没有新近的译名工具书，但百度百科及维基百科中文版皆如此），本文就不在这方面做变更了，只用"姑以……为中译"略表权宜之意。

[②] 所谓"大同小异的版本和名称"的例子包括"科学史第零定理"（zeroth theorem of the history of science）和"阿诺德原则"（Arnold principle）。至于马克·吐温，他曾在1903年给美国盲人社会活动家海伦·凯勒（Helen Keller）的一封信里表示，所有重大发明的荣誉其实都落在了后人身上而忘却了前人。

至于为什么拖到现在才写,则没什么特殊理由,也许只是因为一直有别的东西要写。所谓"可以一写的题材",有时就像"虚粒子",只有遇到适当的机缘才会变成"实粒子"。直到今年,约稿终于写累了,推掉了不少,在多出的"散漫"时间里,才重又想起这一话题。

让我仍从核验开始吧——当然,是重新核验过,且扩大了核验范围。为"自给自足"起见,虽假定本文的读者已有电动力学基础(我向来是不惮以最高的门槛来要求读者的),在罗列核验结果前,还是先说明一下,所谓"Lorenz 规范"或(被错成的)"Lorentz 规范",指的是电磁势所满足的规范条件:

$$\nabla \cdot \boldsymbol{A} + \frac{\partial \varphi}{\partial t} = 0$$

为表述便利起见,本文一律采用现代记号及 $c=1$ 的单位制,φ 和 $\boldsymbol{A}$ 分别是电磁势的标量势和矢量势。在我核验过的物理教材中,这一条件被称为"Lorenz 规范"和"Lorentz 规范"的可分别举出以下例子:

- 被称为"Lorenz 规范"的:
  - JACKSON J D. Classical Electrodynamics[M]. 3rd ed. Hoboken:John Wiley & Sons, Inc., 1999.
  - ZANGWILL.Modern Electrodynamics[M].Cambridge: Cambridge University Press, 2012.
- 被称为"Lorentz 规范"的:
  - PANOFSKY W K H, PHILLIPS M. Classical Electricity and Magnetism[M]. 2nd ed. Boston: Addison Wesley, 1962.
  - LANDAU L D, LIFSHITZ E M. The Classical Theory of Fields[M]. 4th ed. Oxford :Pergamon Press, 1975.
  - ITZYKSON , ZUBER J. Quantum Field Theory[M]. New York: McGraw-Hill Inc., 1980.
  - FEYNMAN R P,et al. The Feynman Lectures On Physics: vol. II [M]. Boston: Addison Wesley, Commemorative Ed., 1989.

- PESKIN M E, Schroeder D V. An Introduction To Quantum Field Theory [M]. New York: Perseus Books Publishing, L.L.C., 1995.
- WEINBERG S. The Quantum Theory of Fields: vol. I [M]. Cambridge: Cambridge University Press, 1995.
- GREINER W. Classical Electrodynamics[M]. New York: Springer, 1998.

这两组例子当然都不是"穷举",但第一组是费了好大劲才总算找到两个例子,第二组则是丢弃了许多不够著名的例子。依据这一经验,可以较有把握地说,在当今的物理教材中,将"Lorenz 规范"错成"Lorentz 规范"的乃是大多数。

不过有道是:术业有专攻,物理教材虽大都弄错了,但在物理学史的领地里,情况则明晰得多,有不少资料对 Lorenz 规范的来龙去脉作过研究和辨析。下面我们就以那些资料为基础,来谈谈 Lorenz 规范的简史——包括它被错成 Lorentz 规范的可能缘由。

Lorenz 规范在文献中的最早出现是 1867 年,出现在丹麦物理学家路德维希·洛伦茨(Ludvig Lorenz)的一篇题为《论光的振动与电流的同一性》(*On the Identity of the Vibrations of Light with Electric Currents*)的论文中(这篇论文的丹麦原文及德、英译文皆发表于 1867 年)。洛伦茨那篇论文发表的时候,电磁矢量势 A 问世才不过 20 年左右,英国物理学家詹姆斯·克拉克·麦克斯韦(James Clerk Maxwell)提出后来以他名字命名的电磁场方程组及光的电磁理论才不过数年,后来被抛弃的以太(aether)仍是流行概念,电磁理论的许多诠释性细节仍充满迷雾,规范变换和规范条件的概念尚未得到明晰表述(因此本文对很多概念的称呼——包括"Lorenz 规范""规范条件"等——乃是套用后世术语),当时流行的规范条件则是如今被称为库仑(Coulomb)规范的 $\nabla \cdot A = 0$。

在这样的背景下,洛伦茨的论文有一些相当敏锐的见解。

比如,洛伦茨在论文的开篇就提到,"我们时代的科学"已成功显示了电、磁、光、热及分子运动之间的联系。由此他认为,"从某种意义上讲,我们必然被引导到视它们为同一种力的表象上"。此外,洛伦茨注意到,当时很多人视电为流体,视光为以太的振动,视热为分子的运动,这些相互独立的假设跟"视它们为同一种力的表象"的统一观念是格格不入的。不仅如此,洛伦茨还很正确地指出了以太假设的诸多堪称缺陷的奇怪性质,比如在以太中只有横波没有纵波,比如以太有超高的应力却没有可察觉的重量[①]。这些见解对现代读者——尤其本文的读者——来说想必是熟悉的,在当时却不仅敏锐,而且卓越。

在这种见解之下,洛伦茨提出了一种关于光的新理论,认为"光的振动本身就是电流"。这种理论可惜是错误的,而且错得有些莫名其妙,因为他替这种理论构建的数学框架其实是正确的,却莫名其妙地引申出了并非逻辑推论的"光的振动乃是电流"的错误诠释。具体地说,洛伦茨发现(读者不妨用自己的电动力学知识印证一下),在 Lorenz 规范下,电磁标量势 φ 与矢量势 A 都满足波动方程,源分别为电荷密度与电流密度,解是推迟势,所对应的波速则与当时所知的光速很接近。这些发现都是正确的,并且标志着 Lorenz 规范及同时包含 φ 和 A 的推迟势在文献中的首次出现。至于"光的振动本身就是电流",由于并不是这些发现的逻辑推论,故而虽可惋惜,亦有些莫名其妙,却无损定量部分的正确性。

那么,洛伦茨的大名为什么没有跟他提出的规范条件联系在一起,"Lorenz 规范"为什么被后世的大多数物理教材错成了"Lorentz 规范"呢?从对文献的阅读和思考中可以归纳出一些可能的原因。

首先是电磁理论的"大宗师"麦克斯韦对洛伦茨的理论提出了异议。在 1868 年(即洛伦茨上述论文问世的次年)发表的一篇题为《论一种对静电力与电磁力进行直接比较的方法》("On a Method of Making a Direct Comparison of Electrostatic with Electromagnetic Force")的论文中,麦克斯韦写了一个很长的评注,对洛伦茨的推迟势提出了异议。麦克斯韦的异议本质上是这样的:考虑两个异种——故而彼此吸引——的电荷 A 和 B,以长度为 L 的刚性杆相连结,沿 AB 方向运动。若两者的相互作用由推迟势描述,那么 A 对 B 的吸引力源自 A 的某个

[①] 对洛伦茨这些见解的某些表述综合了他 1867 年发表的另一篇文章,题为《论光》(On Light)。那篇文章是科普,直到 2018 年才被丹麦科学史学家黑尔格·克拉(Helge Kragh)译成英文。说到这篇科普,顺便提一下,其中有一句话在我看来达到了极高的科普水准。那是对可见光的频率之高所作的形容(目的是凸显以太假设的缺陷——因为如此高频的横波需要超高的应力):"光线在一秒钟之内传输到眼睛的振动数目需要几百万年才能数清。"

先前时刻的位置，与 B 的距离大于 L（因 A 沿 AB 方向运动，故先前时刻与 B 的距离大于当前时刻的距离 L），而 B 对 A 的吸引力源自 B 的某个先前时刻的位置，与 A 的距离小于 L（因 B 沿 AB 方向运动，故先前时刻与 A 的距离小于当前时刻的距离 L）。因此 B 对 A 的吸引力大于 A 对 B 的吸引力（因前者对应的距离小于后者的）。这不仅违反了作用力等于反作用力的定律，而且会使这两个刚性连结的电荷不断沿 AB 方向加速，违反能量守恒。

麦克斯韦虽是电磁理论的"大宗师"，这条异议却是错误的（因为推迟势其实是正确的——虽然对电磁势来说并非唯一解）。至于具体错在哪里，不妨留给读者作为思考题，加深对电动力学的理解。

不过麦克斯韦的错误如今虽是学过电动力学的普通读者都有希望纠正，在当时——尤其是狭义相对论问世之前——却绝非显而易见，也很可能并非洛伦茨所能回答。事实上，洛伦茨在 1867 年论文的末尾虽曾乐观地宣称他的理论将会"引导我们往发展统一力思想的方向迈进一步，并且开启一个未来研究的新领域"，自那以后却再也没有回到同一课题上来（是否跟麦克斯韦的异议有关则不得而知），这种"自我放弃"被认为是他的大名没有跟他提出的规范条件联系在一起的另一条原因。

此外，我们也不能忽略洛伦茨所提出的"光的振动本身就是电流"是一个错误理论这一事实。这个错误理论——如前所述——虽无损定量部分的正确性，却跟当时流行的以太假设格格不入，在很大程度上是以电流取代以太。虽然以太假设也是错误理论，但以电流取代以太乃是以错易错，并不比以太假设更经得住推敲（比如要假设光可以传播的所有地方——包括虚空——都存在电流），这难免也会降低论文的影响力。

上述几条可以算洛伦茨这一方的原因。除这几条外，进一步的原因就得从"Lorenz"和"Lorentz"之辨的另一方——荷兰物理学家亨德里克·洛伦兹（Hendrik Lorentz）——入手了。

洛伦兹生于 1853 年，比洛伦茨小 24 岁，这两人不仅姓氏相近，研究领域也有很大的重叠——都在电磁理论和光学等领域深有造诣。更巧合的是，两人甚至在具体课题上也屡屡"撞车"。比如两人都研究过金属的电导率与热导率的关系，两人都研究过光学介质的折射率——这也许是最著名的"撞车"，导致了所谓的"洛伦兹-洛伦茨方程"（Lorentz-Lorenz equation）。对规范条件的研究也是"撞车"之一。

自 1892 年开始（那时洛伦茨已经去世），在有关电磁理论的若干文章中，洛伦兹引进了推迟势，但没有明确提到 Lorenz 规范。1904 年，在为德国《数学科学百科全书》（Encyklopädie der Mathematischen Wissenschaften）撰写的关于麦克斯韦理论的"词条"（这套令人高山仰止的百科全书的"词条"往往有图书的篇幅，其中很多都堪称名著）中，洛伦兹首次给出了 Lorenz 规范（作为让电磁势满足波动方程的条件）。以时间而论，这比洛伦茨晚了 37 年，但洛伦兹的"词条"有一个优越之处，那就是对电磁势所具有的任意性——也就是其所允许的规范变换——做了初步表述。这一表述在 1909 年初版的名著《电子论》（Theory of Electrons）一书中变得更为明晰。

由于洛伦兹的电磁理论研究，尤其是他的电子论，在一定程度上代表了经典电动力学的巅峰①，也由于德国《数学科学百科全书》及名著《电子论》的影响皆远非洛伦茨的论文可比，更由于被洛伦兹所明晰表述的规范变换的概念在现代物理中有着极大的重要性，再加上洛伦兹本人作为物理学家的声望远远超过洛伦茨，以及前面提到的洛伦茨那一方的几条原因，自 1900 年开始，就陆续有综述性的文章，先是将推迟势，后又将 Lorenz 规范归于了洛伦兹。将"Lorenz 规范"错成"Lorentz 规范"在物理学史以外的领域里，也就逐渐变成"大势所趋"了。

除上面这些因素外，将"Lorenz 规范"错成"Lorentz 规范"还有一个不那么"错"的因素，那就是洛伦兹是狭义相对论的先驱人物之一，是狭义相对论的坐标变换——即所谓"Lorentz 变换"——的"冠名者"，而"Lorenz 规范"恰好在"Lorentz 变换"下是不变的，或者说是一种 Lorentz 不变的规范，它被称为"Lorentz 规范"从这个意义上讲倒是有一定贴切性的②。

---

① 不过这巅峰同时也是没落的边缘——可参阅拙作"质量的起源"的第 4 节（收录于拙作《因为星星在那里：科学殿堂的砖与瓦》，清华大学出版社 2015 年 6 月出版）。
② 当然，规范条件有很多种，Lorentz 不变的也不止一种，但 Lorenz 规范在所有 Lorentz 不变的规范条件中可算是最常用或最重要的。

关于"Lorenz 规范"错成"Lorentz 规范"之事，还有一点可小议几句，那就是洛伦兹是否知道洛伦茨提出过 Lorenz 规范？在上文提到的洛伦兹有关 Lorenz 规范的所有文章或专著中，都不曾提及洛伦茨在同一课题上的工作，是否是有意忽略？这些问题的答案在我看来是否定的。这首先是因为洛伦兹的人格有很高的公信力——包括爱因斯坦在内的同时代的物理学家对洛伦兹的人格都作过很高的评价，别说 Lorenz 规范相对于洛伦兹的其他成就微不足道，哪怕在重要得多的工作上，洛伦兹也从未在优先权上耍过心机。其次，也不乏具体例证：在《电子论》一书中，在介绍自己的光学介质折射率研究（即如今称之为"洛伦兹-洛伦茨方程"的研究）时，洛伦兹明确引述了洛伦茨的工作，而且虽然两人在这一课题上的两篇重要论文都发表于 1880 年，洛伦兹却光明磊落地指出了洛伦茨的工作在他之前（哪怕在优先权上稍有心机也可只强调"几乎同时"或"彼此独立"）。有鉴于此，洛伦兹不曾提及洛伦茨在 Lorenz 规范方面的工作，应该是确实没有注意到后者——跟"洛伦兹-洛伦茨方程"的两篇重要论文都发表于 1880 年，从而很容易被注意到不同，洛伦兹提出 Lorenz 规范比洛伦茨晚了 37 年，后者的研究因上文所述的几条"洛伦茨这一方的原因"，本身已近于湮没。

以上就是 Lorenz 规范的简史。这段简史有一定的勘正性质——将"Lorentz 规范"勘正回"Lorenz 规范"（虽然这所谓"勘正"只是意在勘正史实，倒并非真觉得有必要修改物理教材里的命名——因为如前所述，后者毕竟有一个不那么"错"的因素）。既然如此，那么不妨对"勘正"之"正"方那位几乎已被忘却的洛伦茨的生平也略作一些介绍。

洛伦茨出生于 1829 年 1 月 18 日，13 岁那年因听了丹麦自然科学传播学会（Society for the Dissemination of Natural Science）主办的一个物理讲座而对数学和物理产生了兴趣。但洛伦茨通往数学和物理的路途并不平坦，大学的所学偏于工程，毕业时的专业乃是化学（洛伦茨的生平文献很少，我试图找寻他大学专业背后的缘由，却未能如愿）。直到 1858 年，洛伦茨才在法国巴黎圆了进修理论物理之梦。1866 年，洛伦茨被选为了丹麦皇家科学院（Royal Danish Academy for Sciences and Letters）的会员。但这貌似顺意的进展却未能让他谋到大学职位，他不得不将未来21年耗在了哥本哈根郊外的一所军事高中。1887年，年近花甲的洛伦茨终于得到一笔资助，可以从事独立研究，但短短4年后的1891年6月9日，他就因心脏病发作去世了。

洛伦茨的一生基本处于孤立之中，虽然同时代的若干重量级物理学家比如麦克斯韦、路德维希·玻耳兹曼（Ludwig Boltzmann）、海因里希·赫兹（Heinrich Hertz）等都一度注意到过他的工作，但他很少与其他物理学家通信，也不常旅行。在那样的孤立之中，洛伦茨依然完成了数量与质量都不无可观的研究，除上文已提到的"洛伦兹-洛伦茨方程"及不幸被普遍错成"Lorentz规范"的"Lorenz规范"外，单是挂了他名字的工作就还有关于金属电导率与热导率关系的"维德曼–夫兰兹–洛伦茨定律"（Wiedemann-Franz-Lorenz law）①，以及关于电磁波在均匀介质球上散射的"洛伦茨–米解"（Lorenz-Mie solution）。但尽管这些名称在一定程度上有所流传，洛伦茨被物理学界遗忘的速度依然很快，用我们前面所举仅有的两本未将"Lorenz规范"错成"Lorentz规范"的物理教材之一，《现代电动力学》（Modern Electrodynamics）的作者安德鲁·赞格威尔（Andrew Zangwill）的话说，"洛伦茨的工作被遗忘得如此之快是令人困惑的"。希望这篇短文能在中文读者中唤起一些对这位"非著名科学家"的了解②。

本文到这里就基本结束了，最后让我们跟开篇引述过的斯蒂格勒定律再作一次呼应：如果我们将"Lorentz规范"勘正回"Lorenz规范"（如前所述，这其实并非本文的意图），这一规范的命名是否就不再符合斯蒂格勒定律了呢？答案居然仍是否定的——起码仍不是没有置喙余地的。事实上，德国数学大师伯恩哈德·黎曼（Bernhard Riemann）早在1861年（即比洛伦茨还早6年）就在一份讲义中引入了同样的规范条件，只不过直到他去世后的1875年才被人整理发表（因

---

① 不幸的是，"维德曼-夫兰兹-洛伦茨定律"常被简称为"维德曼-夫兰兹定律"，只有其中的一个比例系数总算被普遍称为"洛伦茨系数"（Lorenz number）。

② 撰写本文时，我不止一次想起了拙作《从奇点到虫洞》（清华大学出版社2013年12月出版）的附录"雷查德利小传"里介绍过的另一位"非著名科学家"：阿莫尔·雷查德利（Amal Raychaudhuri）。也许"非著名"——但没有"非著名"到不值一提——的科学家的经历多少有些共性吧。

此发表时间晚于洛伦茨）。不仅如此，洛伦茨所得到的推迟势的标量势部分也早在 1858 年（即比洛伦茨早了 9 年）就被黎曼在一次口头报告中提到了，只不过也直到他去世后的 1867 年才被人整理发表（且恰好跟洛伦茨的论文发表在同一刊物上，以页码顺序而论则稍晚，前文提到的麦克斯韦对洛伦茨理论——主要是推迟势——的异议其实也同时提到并针对了黎曼）。看来像黎曼那样的数学大师，哪怕偶尔涉猎一下物理也是非同小可的 ①。这算是 Lorenz 规范简史的花絮吧。

参考文献

[1] DARRIGOL O. Electrodynamics from Ampère to Einstein [M].Oxford: Oxford University Press, 2000.

[2] JACKSON J D,OKUN L B. Historical Roots of Gauge Invariance [J].Rev. Mod. Phys., 2001,73:663-680.

[3] KRAGH H.Ludvig Lorenz, Electromagnetism, and the Theory of Telephone Currents[J]. arXiv:1606.00205 [physics.hist-ph].

[4] KRAGH H. Ludvig Lorenz (1867) on Light and Electricity[J].arXiv:1803.06371 [physics.hist-ph].

[5] LORENZ L. On the Identity of the Vibrations of Light with Electrical Currents [J].Phil. Mag. 1867,4(34):287-301.

[6] NEVELS R, SHIN C. Lorenz, Lorentz, and the Gauge [J].IEEE Antennas and Propagation Magazine, 2001,43(3):70-72.

[7] POTTER H C. Lorenz on Light: A Precocious Photon Paradigm[J]. arXiv:0811.2123 [physics.gen-ph].

[8] WHITTAKER E T.History of the Theories of Ether and Electricity [M].Mineola: Dover Publications Inc., 1989.

[9] ZANGWILL.Modern Electrodynamics [M].Cambridge: Cambridge University Press, 2012.

2020 年 5 月 21 日

---

① 这一点的另一个例子自然是希尔伯特，可参阅拙作 "希尔伯特与广义相对论场方程"（收录于拙作《小楼与大师：科学殿堂的人和事》，清华大学出版社 2014 年 6 月出版）。

彭罗斯与黑洞①

罗杰·彭罗斯

2020年10月6日,瑞典皇家科学院(The Royal Swedish Academy of Sciences)宣布了2020年诺贝尔物理学奖的得主。英国数学物理学家罗杰·彭罗斯(Roger Penrose)由于"发现黑洞的形成是广义相对论的坚实预言"(for the discovery that black hole formation is a robust prediction of the general theory of relativity)获得了一半奖金;德国天体物理学家赖因哈德·根策尔(Reinhard Genzel)和美国天文学家安德烈娅·盖兹(Andrea Ghez)则由于"在我们星系中心发现超大质量致密天体"(for the discovery of a supermassive compact object at the centre of our galaxy)分享了另一半奖金。

这两项获奖研究都是关于黑洞的,前者是纯理论研究,后者是观测,可谓相得益彰。在本文中,我们将对前者作一个简短介绍。

作为背景,我们先介绍一下"黑洞"(black hole)这个概念。这个概念的起

---

① 本文曾发表于2020年10月15日的《南方周末》;本文的一个内容相近的英文版发表于《亚太物理学会会刊》(*AAPPS Bulletin*)(2020年30卷第6期)。

源常被回溯到英国地质学家约翰·米歇尔（John Michell）。1783 年，米歇尔在牛顿万有引力定律的基础上得到了一个如今中学生也能推导得出的结果，即一个密度跟太阳一样的星球若直径比太阳大几百倍，引力就会强大到连光也无法从它的表面逃逸（从而看上去将是"黑"的）。1796 年，法国数学家皮埃尔-西蒙·拉普拉斯也得到了同样结果。这些结果通常被视为黑洞概念的萌芽。

不过，米歇尔和拉普拉斯的黑洞跟我们如今所说的广义相对论中的黑洞除在"半径"这一参数上恰好相同外[①]，其实鲜有共同之处。比方说，前者的"黑"只是光无法逃逸到远处，但在近处仍可看到，后者则不然；甚至就连所谓"恰好相同"的"半径"这一参数，彼此的含义也完全不同，前者是从黑洞中心到表面的距离，后者则不具有这样的意义，而只是视界（下文将会介绍这一概念）周长除以 2π 的简称（这在广义相对论中跟前者不是一回事）。至于各种微妙得多的其他特性，则更是广义相对论中的黑洞（以下将简称为"黑洞"）所独有的[②]。因此，彭罗斯就曾说过，"黑洞的概念实际上只能从广义相对论的特殊性质里得出，而并不出现在牛顿理论中。"

那么，黑洞的概念是如何"从广义相对论的特殊性质里得出"的呢？这得回溯到 1916 年 1 月。那时距爱因斯坦提出广义相对论虽才不到两个月，一位名叫卡尔·施瓦西（Karl Schwarzschild）的德国物理学家就得到了广义相对论的一个严格解——如今被称为施瓦西解。

施瓦西解描述的是一种球对称的时空，它有两个非常引人注目的特点——都表现为"0"出现在分母上，从而使数学表达式失去意义：其中一个出现在球对称的中心处，另一个则出现在一个球面上，这个球面的半径被称为"施瓦西半径"（Schwarzschild radius）。在经过很长时间的研究后，物理学家们才逐渐理解了这两个特点的真正含义：其中前者被称为"奇点"（singularity），具有诸如时空无限

---

① 米歇尔和拉普拉斯给出的黑洞半径为 $2GM/c^2$（其中 G 是牛顿万有引力常数，M 是黑洞质量，c 是光速），跟后文将会提到的施瓦西解中的视界半径——也称为施瓦西黑洞的半径——恰好相同。
② 拙作"黑洞略谈"（收录于《因为星星在那里：科学殿堂的砖与瓦》，清华大学出版社 2015 年 6 月出版）对米歇尔和拉普拉斯的黑洞做了比本文略多的介绍，可参阅。

弯曲之类的"病态"性质，并且会让物理定律失效[1]；后者则被称为"事件视界"（event horizon），简称"视界"（horizon），它虽然一度也被视为奇点，实际上却只是施瓦西所用的特定坐标的缺陷。

奇点和视界是黑洞的两个主要特征，因此施瓦西解的问世在一定意义上可视为广义相对论对黑洞的最早预言。但这种预言只说明了广义相对论原则上可以描述黑洞的主要特征，可以允许奇点和视界那样的东西，却并不能告诉我们实际上是否会有任何物理过程真正产生出那样的东西。如果没有，则所谓"原则上可以"依然不过是镜花水月。

那么，实际上到底有没有什么物理过程能产生黑洞呢？1939 年，美国物理学家 J. 罗伯特·奥本海默及其学生哈特兰·施奈德（Hartland Snyder）的一项研究向着回答这一问题迈出了重要一步。奥本海默和施奈德研究了恒星在耗尽核燃料（从而不再有辐射压来抗衡引力）之后的坍塌过程，结果发现，对远方的观测者来说，当恒星坍塌到接近视界时，从恒星表面发出的光的波长会变得越来越长，坍塌过程会显得越来越慢，直至"冻结"。由于这个奇异的效应，黑洞有一个早期的名字叫作"冻结星"（frozen star）。但这个效应并不说明黑洞无法形成，而只是如同一盒放了一半就慢慢停下的录像带，使人无法看到结局，却并不意味着结局没有发生[2]。更何况，奥本海默和施奈德同时还发现，对跟随恒星一同坍塌的观测者来说，坍塌会毫不停滞地穿越视界，并且在有限时间内产生奇点，从而显示出黑洞是可以形成的[3]。

---

[1] 对"奇点"的确切定义是一个相当艰深的话题，感兴趣的读者可参阅拙作《从奇点到虫洞》（清华大学出版社 2013 年 12 月出版）。

[2] 这个效应是视界附近的时间延缓（或等效地，引力红移）效应造成的，实际上并不会使黑洞的形成过程真正"冻结"。因为任何观测都不是无限精密的，从恒星表面发出的光的波长变得越来越长后，能量会越来越低，实际上很快就会观测不到——黑洞的形成过程也就完成了。最近几年通过引力波观测黑洞双星合并就是例子，来自视界附近的引力波信号原则上也会"冻结"，但实际上很快就会因精度所限而观测不到——黑洞的合并过程也就相当于完成了。

[3] 奥本海默和施奈德的研究其实有一个很大的局限性，那就是忽略了压强（以保障坍塌能进行到底）。但他们认为，只要坍塌不会被压强所终止，他们的定性结论就不会受影响——即坍塌依然会在有限时间内产生奇点。细究的话，即便这一看法成立，由于他们并未证明坍塌不会被压强所终止，其实也就没能证明坍塌一定会产生奇点。

有了这些研究，是不是可以认为黑洞的形成已经是广义相对论的预言了呢？还不能。因为无论施瓦西解还是奥本海默和施奈德的研究，都依赖于一个在现实世界里无法严格实现的对称性——球对称性。更糟糕的是，由于广义相对论是一个非常复杂的理论，对称性对当时几乎所有的同类研究都是必不可少的。比如新西兰数学家罗伊·克尔（Roy Kerr）于 1963 年得到了广义相对论的一个描述旋转黑洞的解——被称为克尔解（Kerr solution），这个解比施瓦西解普遍得多，却也依赖于一种对称性——轴对称性。虽然恒星大都接近轴对称甚至球对称，却绝不可能是严格轴对称或球对称的。类似地，广义相对论的很多宇宙学解也依赖于对称性——比如均匀及各向同性。这些对称性在现实世界里都是无法严格实现的。

通常来说，物理学家们是不会在对称性无法严格实现这一点上吹毛求疵的，因为对称性是他们研究现实世界最有力的工具，说是朋友亦不为过。但黑洞的形成是一个例外，因为如前所述，黑洞的主要特征之一乃是奇点，而奇点会让物理定律失效。由于物理定律是物理学家们的"吃饭家什"，面对物理定律失效那样的严重后果，就连对称性这位朋友也变得可以舍弃了。因此，很多物理学家将问题归因于对称性，认为奇点是不存在的，所有貌似能产生奇点和黑洞的过程都是因为引进了对称性，只要舍弃对称性，奇点和黑洞就能被"消灭"——即不会形成。持这种观点的代表人物是苏联物理学家 E.M. 栗弗席兹（E. M. Lifshitz）和 I. M. 卡拉特尼科夫（I. M. Khalatnikov）等人——姑称之为"苏联学派"。

20 世纪 60 年代初，"苏联学派"在舍弃对称性的情形下对广义相对论进行了深入研究，试图证明奇点不会形成。他们甚至一度以为自己完成了证明，将之写入了列夫·朗道（Lev Landau）与栗弗席兹合撰的名著《理论物理教程》（*Course of Theoretical Physics*）中。而自施瓦西解问世以来，出于其他种种考虑对奇点和黑洞的存在持怀疑态度的物理学家则为数更多，其中包括了爱因斯坦本人[①]。

正是在这种背景下，彭罗斯——据他自己回忆——于 1964 年秋天（时年 33 岁）实质性地介入了黑洞研究。

---

① 爱因斯坦怀疑黑洞的一个理由可参阅拙作"黑洞略谈"（收录于《因为星星在那里：科学殿堂的砖与瓦》，清华大学出版社 2015 年 6 月出版）。

美国物理学家基普·索恩（Kip Thorne）曾经讲述过一些彭罗斯年轻时的趣事，我们分享一则作为对其人的介绍。彭罗斯父母的职业领域都跟医学有关（父亲是人类遗传学教授，母亲是医生），也因此，他们希望自己的四个孩子中起码有一人能以医学为职业。但是等到彭罗斯选择专业时，他的两个兄弟一个已选了物理（后来成为了知名的统计物理学家），一个已选了国际象棋（后来获得过十次英国冠军），他妹妹还太小，他自己想选的则是数学。眼看着"起码有一人能以医学为职业"的希望就要落空，彭罗斯父母对他的专业选择进行了干预。在彭罗斯父亲的要求下，他所报考的大学对他进行了一次特殊的数学能力测试。测试总计有12道题，普通学生能做出一两道就算不错，而彭罗斯12道题全做对了。这样他就从父母那里赢得了学数学的"许可证"。（顺便说一下，彭罗斯那位当时还太小的妹妹后来终于当了医生，圆了父母的希望。）

作为数学系学生的彭罗斯于1957年以一项几何领域的研究获得了数学博士学位。但早在拿到学位之前，他就因为听了英国天体物理学家弗雷德·霍伊尔（Fred Hoyle）的广播讲座，以及与英国物理学家丹尼斯·夏马（Dennis Sciama）相识，而对天文和物理也产生了兴趣。霍伊尔是当时流行的宇宙模型之一"稳恒态模型"（steady-state model）的主要支持者，夏马对之亦有所涉猎。受他们影响，彭罗斯对稳恒态模型也进行了研究。此外，跟夏马的相识还为他后来跟斯蒂芬·霍金（Stephen Hawking）的合作埋下了伏笔——因为霍金的博士导师正是夏马。

稳恒态模型是一个很快就失败了的宇宙模型，于20世纪60年代被多数天文学家所放弃。在那之前，它虽然流行，却也已面临一些问题。由于稳恒态模型也依赖于对称性，因此跟奇点的情形相类似，稳恒态模型的一些支持者也将问题归因于对称性，只不过努力的方向正好相反，是希望通过舍弃对称性来"挽救"稳恒态模型。受这种希望影响，彭罗斯也在舍弃对称性的情形下对稳恒态模型进行了研究，结果却并未发现实质差别——也就是说稳恒态模型的问题无论有没有对称性都依然存在。这段经历对彭罗斯后来的黑洞研究有很大的启示，因为它显示了舍弃对称性未必能起到人们所希望的作用。既然如此，那么会不会无论对称性存在与否,奇点都依然存在呢?这种考虑使彭罗斯后来的黑洞研究与"苏联学派"截然不同。

现在言归正传,1964年秋天,彭罗斯开始实质性地介入黑洞研究。诱使他介入的是前一年——也即1963年——刚刚发现的一种奇异天体,这种很快被称为"类星体"的天体比星系还"亮"得多,线度却只有星系的百万分之一(因而看上去类似于星星——"类星体"之名由此而得),从而必然包含了高度致密的结构。初步的分析表明,这种"类星体"最有可能的"发光机制"是一个巨型黑洞吞噬包括恒星在内的物质(物质在被吞噬之前会发射出强烈的辐射)。这个对黑洞存在构成某种支持的新发现,以及上文提到的由研究稳恒态模型得来的启示,使彭罗斯从一个与"苏联学派"相反的目标介入了黑洞研究——即试图在不依赖于对称性的情形下探究奇点形成的普遍性(而不是试图证明奇点不会形成)。

彭罗斯的研究不仅目标与"苏联学派"相反,手段也截然不同。"苏联学派"的研究偏于例证,致力的是在舍弃对称性的情形下求解广义相对论,以便寻找奇点不会形成的例子;而彭罗斯由于探究的是奇点形成的普遍性,而非具体的例子,故并不致力于求解广义相对论。既然不求解广义相对论,那么诸如星球的形状、大小等因素也就都不重要了。由于广义相对论是一个高度几何化的理论,奇点的形成则是时空性质方面的一个高度几何化的问题。熟悉数学的人都知道,在几何问题中,如果形状、大小等因素都不重要,那么剩下的就是所谓拓扑性质了。因此彭罗斯的研究大量采用了拓扑手段——他自己称之为"光线拓扑学"(light-ray topology),这恰好也是他作为数学家——而且是以几何领域的研究获得博士学位的数学家——的强项。

目标虽已确定,手段虽属强项,对奇点的研究依然很是艰深,需要一定的灵感。彭罗斯后来记叙过他在这一研究中的一个重要灵感的由来。那是在1964年晚秋,他开始探究奇点问题之后不久的某一天,彭罗斯与数学物理学家艾弗·罗宾逊(Ivor Robinson)一边走在街上,一边讨论着问题(那问题与奇点和黑洞并无关系)。在穿越一个路口时,他们遇到红灯停了下来——并且也暂停了讨论,就在那短短的间歇里,证明奇点定理的一个重要灵感出现了。那天晚些时候,彭罗斯在办公室里细细回想自己的思路，终于将那个灵感清晰地"发掘"了出来①。

借助那个灵感，经过几个月的努力，彭罗斯证明了一个重要的结果——是如今被称为"奇点定理"（singularity theorem）的一大类定理中最早的一个，以《引力坍塌和时空奇点》（*Gravitational Collapse and Space-time Singularities*）为题发表于 1965 年。简单地说，彭罗斯的奇点定理包含这样几个组成部分——也是之后所有其他奇点定理的基本结构：首先是假定物质具有一定的性质，其次是对时空本身施加一定的要求，最后是假定物质分布满足一定的条件；在这三类前提之下，彭罗斯证明了奇点的形成是普遍而必然的——尤其是，不依赖于对称性。

彭罗斯并不是最早采用拓扑手段研究时空结构的人。比他早了十几年，两位苏联数学家就在这方面展开了研究，并且发展出了一套强大而漂亮的方法②。可惜的是，这两位数学家后来一位职位高升（担任了行政领导，将越来越多的时间花在了行政事务上），另一位锒铛入狱（被打成了"反苏维埃集团"的成员），最终都停止了这一方向的研究，也并未产生影响。彭罗斯的研究则不同，不仅得到了漂亮的结果，而且很快引起了关注。

就在彭罗斯证明奇点定理的那一年——即 1965 年，"第三届国际广义相对论与引力大会"在英国伦敦召开。这届会议聚集了全世界最顶尖的广义相对论专家，就连"苏联学派"的栗弗席兹和卡拉特尼科夫也跨越"冷战"鸿沟来到伦敦，报告了他们本质上是否定性的奇点研究。这次会议也因此成为了彭罗斯的奇点定理与"苏联学派"的否定结果之间的首次"碰撞"。

"碰撞"虽未即刻分出胜负，但彭罗斯的研究吸引了几位在几何和拓扑上有深厚功底的年轻物理学家的兴趣，其中包括夏马的研究生霍金——他当时也在研究奇点，只不过研究的是宇宙学奇点而非黑洞奇点；以及与霍金同龄的美国理论物理学家罗伯特·杰罗奇（Robert Geroch）。之后的几年间，彭罗斯、霍金、杰罗

---

① 彭罗斯的灵感涉及的是所谓"封闭陷获面"（closed trapped surface）的概念，对这一概念感兴趣的读者可参阅拙作《从奇点到虫洞》（清华大学出版社 2013 年 12 月出版）。
② 这两位苏联数学家分别是 A. D. 亚历山德罗夫（A. D. Aleksandrov）和 R. I. 皮蒙诺夫（R. I. Pimenov），其中前者是著名数学家，指导过的博士生包括了 2006 年菲尔兹奖（Fields Medal）得主格里戈里·佩雷尔曼（Grigori Perelman）。

奇等人在各种不同的前提下，轮番证明了更多的奇点定理，使奇点定理及奇点和黑洞的存在获得了越来越多的认同。

这种认同终于撼动了"苏联学派"。

1969 年 9 月，美国物理学家索恩访问了苏联。趁这个机会，栗弗席兹交给了索恩一份手稿，让他秘密带到美国去发表（因为——据索恩记叙——当时苏联的一切学术手稿被自动视为秘密文件，非经冗长的解密审核不能与国际同行交流）。在那份手稿里，"苏联学派"承认了他们对奇点的否定是错误的，并表示会对《理论物理教程》作出修订。

"苏联学派"的认错扫清了对奇点和黑洞存在的主要怀疑。但彭罗斯的奇点定理本身却仍有一些不足之处，这不足之处体现在前提上。如前所述，奇点定理的前提共分三类，这其中物质具有的性质本质上只是能量密度不能为负，这在广义相对论所属的经典物理里是没有争议的；物质分布满足的条件在诸如大质量恒星的坍塌过程中是可以实现的，因而也没什么问题；但对时空本身施加的要求则显得太强。事实上，这个要求——具体地说，是要求时空中存在一个所谓的柯西超曲面（Cauchy hypersurface）——是如此之强，不仅极不可能被观测所证实，理论上也大有争议，甚至彭罗斯本人在与奇点定理几乎同时发表的另一篇论文中就包含了一个反例。这个不足之处彭罗斯自己以及步他后尘研究奇点定理的霍金等人也都知道。比如霍金在自传中就曾表示，彭罗斯以及他自己的早期奇点定理所证明的有可能只是柯西超曲面的不存在，而非奇点和黑洞的存在；彭罗斯本人也在后续研究中承认，在广义相对论中假定柯西超曲面的存在是缺乏理由的。奇点定理之所以会成为一大类定理，很大程度上正是为了消除前提上的不足之处。在 1965 年之后的那些奇点定理中，彭罗斯、霍金、杰罗奇等人尝试变通的主要就是定理的前提。

最终，彭罗斯与霍金合作，于 1970 年发表了一篇题为《引力坍塌及宇宙学中的奇点》（*The Singularities of Gravitational Collapse and Cosmology*）的论文，提出了如今被称为"霍金-彭罗斯奇点定理"（Hawking-Penrose singularity theorem）的新"版本"。这个"版本"用更有经验基础从而更现实的前提表述了奇点定理，且同时涵盖了黑洞奇点和宇宙学奇点。学过逻辑的人都知道，一个逻辑推理要想确保结论正确，不仅推理必须严密，前提也必须成立。完全类似的，一个描述物理世界的定理要想确保结论坚实，在推理严密之外还必须确保前提有现实性，两者缺一不可。从这个意义上讲，"霍金-彭罗斯奇点定理"由于前提更现实，结论也就更坚实。在所有这些奇点定理中，若问哪一个最称得上"发现黑洞的形成是广义相对论的坚实预言"，答案非"霍金-彭罗斯奇点定理"莫属[①]。

我们对彭罗斯和他荣膺此次诺贝尔物理学奖的黑洞研究的已不太简短的"简短介绍"到这里就要结束了。最后值得指出的是，彭罗斯的这一黑洞研究跟获得诺贝尔物理学奖的其他研究，乃至绝大多数其他物理研究相比，有一个非常独特的地方，那就是它远比那些研究更接近纯数学的定理——只不过是以广义相对论为框架而已。这是因为，彭罗斯的这一黑洞研究只是替广义相对论作出了一个"坚实预言"——那预言无论被推翻还是证实，影响的都是广义相对论而不是彭罗斯的研究，后者的正确性只取决于它的数学推理的正确性。2020年的诺贝尔物理学奖被一些人戏称为天文研究获得了物理学奖，但实际上，彭罗斯的这一半更可以说是数学研究获得了物理学奖。天文研究获得物理学奖早已屡见不鲜，数学研究获得物理学奖则几乎是开先河的。

参考文献

[1] HAWKING S. Hawking on the Big Bang and Black Holes [M].Singapore: World Scientific Publishing Co. Pue. Ltd., 1993.

[2] HAWKING S. My Brief History [M].New York: Bantam Books, 2013.

[3] PENROSE R. The Emperor's New Mind: Concerning Computers, Minds, and the Laws of Physics [M].London: Penguin Books, 1991.

---

① 奇点定理顾名思义，是关于奇点而不是黑洞的定理。将奇点定理诠释为"发现黑洞的形成是广义相对论的坚实预言"并不是显而易见的事情，涉及黑洞与奇点之间的微妙关系。本文由于是通俗介绍，对这种关系不作展开，只笼统地将奇点称为黑洞的主要特征之一，甚至有时不加区分地使用两者。对细节感兴趣的读者可参阅拙作《从奇点到虫洞》（清华大学出版社2013年12月出版）。

[4] PENROSE R. Cycles of Time: An Extraordinary New View of the Universe [M].Vancouver: Vintage Books, 2012.

[5] PENROSE R. Fashion, Faith, and Fantasy in the New Physics of the Universe [M].Princeton: Princeton University Press, 2016.

[6] SENOVILLA J M M, GARFINKLE D. The 1965 Penrose Singularity Theorem[J]. arXiv:1410.5226 [gr-qc].

[7] THORNE K S. Black Holes and Time Warps: Einstein's Outrageous Legacy [M].New York: W. W. Norton & Company, 1995.

[8] 卢昌海. 从奇点到虫洞：广义相对论专题选讲 [M]. 北京：清华大学出版社，2013.

2020 年 10 月 13 日

关于"绝对正确"的科学理论

科学哲学中的一个基本常识是：不存在绝对正确的科学理论——不仅是因为只要稍懂科学精神的人，就不至于幼稚到认为今天的科学理论绝对正确，而且也因为哪怕有一天我们真的发现了绝对正确的科学理论，也不会有办法证明它的绝对正确[①]。

既然有这样一个基本常识，关于绝对正确的科学理论，照说便没什么可谈的了。

不过，如果我们把"绝对正确"的含义从严格字面意义上稍作弱化，弱化到类似于法律中"排除合理怀疑"（beyond reasonable doubt）的意义上，这个话题就能谈出一些有意思的东西来。本文就将在这种弱化的语境下谈论"绝对正确"的科学理论。读者请记住，在其他科学哲学论述中，"绝对正确"一词往往是取严格字面意义的，从而基本上是否定词，本文赋予的则是不同的语境，因此勿用本文去反驳其他科学哲学论述，否则将是指鹿为马。为降低被断章取义的风险，虽已做了上述说明，我们仍将对本文语境下的"绝对正确"一词加上引号，而区别于不加引号的严格字面意义。

在本文的语境下，我们来谈一些有意思的东西。

让我们用一个类比来引出话题：大家知道，某个区间上性质良好的函数 $f(x)$ 可在该区间上作泰勒展开。在展开式中取前 n 项，可得到 $f(x)$ 的近似表达式 $p_n(x)$，它与 $f(x)$ 相差一个余项 $r_n(x)$。如果用 $f(x)$ 代表绝对正确的科学理论，那么 $p_n(x)$ 就好比现实世界里的科学理论，只是近似的。此外，对泰勒级数来说，虽然 $p_n(x)$ 只是近似的，但若把余项 $r_n(x)$ 加上，就绝对正确了。

可惜的是，这最后一步无法类比到现实世界里——因为绝对正确的科学理论

[①] 英国哲学家戴维·休谟早在18世纪就已对这一点有所认识，指出了我们无法在绝对严格的意义上对任何有关现实世界的命题作出证明。

是未知并且永远未知的，从而不可能知道"余项"，也不可能通过添加"余项"让近似理论变得绝对正确。

但如果我们退一步，不奢望知道余项，而只对余项的大小作出一个绝对正确的估计，比如 $\|r_n(x)\| \leq \varepsilon(x)$，那么就可断言 $\|p_n(x)-f(x)\| \leq \varepsilon(x)$。这个断言虽不具有等号形式——或者说虽不能给出精确结果，却是绝对正确的，而且从某种意义上讲，甚至比等号形式更符合科学理论的预言方式。因为科学理论的预言从本质上讲，总是有误差的——余项就对应于误差，对余项大小的估计则是误差估计[1]。

那么，我们有没有可能对余项的大小作出绝对正确的估计呢？从数学上讲，如果不知道 $f(x)$，答案恐怕是否定的，但对现实世界里的科学理论，在本文的语境下，却是可能的——我们将试图阐释这一点。这种可能若得到阐释，那么相应的科学理论就可被表述为如类比所示的那种虽不具有等号形式，不能给出精确结果，却"绝对正确"的形式——而本文所谓的"绝对正确"的科学理论，就是指表述为此种形式的科学理论。

做完了类比，现在让我们转入到对现实世界里的科学理论——确切说是基础物理理论——的讨论[2]。

我们将选牛顿理论（包括牛顿运动定律和万有引力定律）为例。之所以选牛顿理论，是因为与更现代的基础物理理论相比，牛顿理论是我们明确知道局限性的理论。这一方面便于展示如何对理论的误差作出"绝对正确"的估计；另一方面，

---

[1] 从上下文虽不难看出，但还是直接挑明一下：本文所说的误差是理论自身的误差，而非在理论框架内所做的本身也往往只是近似的具体模型、具体计算等的误差。

[2] 这里让我们对科学理论作一个简单界定：所谓科学理论，必须有一定的普适性，不能是诸如"太阳比地球大"那样本质上只是罗列观测事实的命题。当然，这种界定是很粗糙的，而且不是一成不变的，比如"太阳比地球大"在远古时期或许未必不能视为科学理论，比如普适到什么程度能算科学理论也很难量化，虽说牛顿理论、相对论、量子力学等明显是科学理论，更早的时期却有灰色地带，需个案讨论——甚至讨论了也未必能达共识。不过这对本文并无实质影响（因本文并无穷举之必要），故只在这里提一下，而不作展开。另外，本文虽打着科学理论的牌子，最能进入这种跟"绝对正确"相联系的层面的，实际是基础物理理论，因此我们实际讨论的将是基础物理理论。

则倘若从牛顿理论都可以引申出某种"绝对正确"的科学理论，那么对电磁理论、相对论、热力学、统计力学、量子力学等牛顿之后的基础物理理论就更可以。

下面就让我们看看，能否对牛顿理论的误差作出"绝对正确"的估计。

我们知道，牛顿理论在宏观、低速及弱引力场的范围内是对相对论（包括狭义相对论和广义相对论）的近似，而它的误差基本上就是它与相对论的偏差。之所以只说"基本上"，是考虑到若精度无限提高，相对论本身也未必绝对没有误差。但是，相对论本身的误差哪怕有，也显然（这个"显然"可视为"排除合理怀疑"一词在本文中的一层具体含义）小于牛顿理论与相对论的偏差（否则早被发现了）。利用这一特点，只要把——比方说——牛顿理论与相对论的偏差的两倍作为误差估计，就是对牛顿理论的误差作出了（"排除合理怀疑"意义上的）"绝对正确"的估计①。

因此，对牛顿理论，我们可以通过限定范围（即宏观、低速及弱引力场——皆可量化）和精度（即对误差的上述估计）而将之表述为"绝对正确"的科学理论。牛顿理论如此，那么如前所述，牛顿之后的基础物理理论就更是如此。"绝对正确"这个科学哲学中的"敏感词"在本文的语境下，并非是对科学理论遥不可及的目标。

以上就是我们要谈的所谓"一些有意思的东西"，但它究竟"有意思"在哪里，却尚未明言。这种换一个语境谈概念的做法，除当文字游戏外还能有别的意思或意义吗？答案是肯定的。不过在叙说之前，首先要指出的是，限定范围和精度其实是谈论科学理论时必不可少的严谨，从这个角度讲本就不是文字游戏。至于意义，一个很重要的意义是能让人更好地理解为什么自牛顿时代起，科学虽有巨大发展，却不再有基础物理理论被彻底推翻——而且我们几乎可以确定，像彻

---

① 超级细心的读者也许会提出，在牛顿理论与相对论的偏差小于实验误差的特殊情形下，我们将没有充足理由来宣称相对论本身的误差"显然"小于牛顿理论与相对论的偏差（因为在这种情形下，"否则早被发现了"不再构成推理理由），从而也不再能把牛顿理论与相对论的偏差的两倍作为"绝对正确"的误差估计。确实如此，不过不难弥补。因为在这种情形下，我们可用某种常量——比如某个大于实验误差的常量（因这种情形本身就是通过实验误差来界定的）——来作为"绝对正确"的误差估计。另外要补充一点——虽是不言而喻的，那就是"绝对正确"的误差估计不是也不必是对误差的最佳估计——实际上往往是为求"绝对正确"而刻意放宽的估计。

底推翻那样的事情对基础物理理论来说，将永远不会再发生。这与牛顿之前的时代很不相同。在牛顿之前的时代，比如各种古代元素理论、亚里士多德的诸多理论、笛卡儿的"漩涡理论"，等等，就被彻底推翻了。自牛顿时代起，像彻底推翻那样的事情对基础物理理论来说，之所以没有再发生，甚至永远不会再发生，正是因为那些理论可通过限定范围和精度，而被表述为"绝对正确"的科学理论。这是科学理论发展到一定程度——尤其是数学化到一定程度——才出现的重要特点，也是它们有别于往昔理论的巨大优点[①]。

接下来，我们要谈一点跟本文有关的历史。对于觉得以上视角言之有理的读者，这点历史只是要告诉大家，本文的基本思路是有所继承的，并非笔者的独创，不敢也不便掠美；对于觉得"你算老几呀，敢妄议'绝对正确'？"的读者，则这点历史可算是拿两位"老大"来"狐假虎威"。

最早使我注意到以上视角的，是美国物理学家史蒂文·温伯格的科学随笔集《仰望苍穹》(*Facing Up*)。在那本随笔集里，温伯格写了这样一段话：

> 近似理论不仅仅是近似成立的。它们可以作出尽管诉诸近似，却精确成立的陈述。比如，尽管麦克斯韦方程组只是对电磁场的近似描述，但只要所考虑的场足够弱并且变化得足够缓慢，用麦克斯韦方程组计算这些场的误差就可以要多小就多小，这一点是精确成立的。这是麦克斯韦方程组之所以是物理科学的永久成员的部分原因。

[①] 当然，科学理论形形色色，未必总能作出泾渭分明的判别，在牛顿之前的时代也难免有不易判别的理论（但如第 137 页注②所述，本文并无穷举之必要）。另外值得补充的是，能被表述为"绝对正确"的科学理论，在所限定的范围和精度内，虽不会被彻底推翻，却有可能变得彻底无用——假如出现某个更优越同时还更易运用的理论的话。比如哥白尼的本轮均轮体系，若不允许对"圆轨道"概念作近似理解，可以算作被彻底推翻，若允许将"圆轨道"概念视为近似，则可表述为"绝对正确"的科学理论（虽然适用范围比牛顿理论小得多，误差比牛顿理论大得多），但同时也正是"变得彻底无用"的例子——因基于牛顿理论的椭圆轨道不仅更优越，同时还更易运用。

这段话是我近年来阅读科学哲学类文字时极少有的在观点上——而非单纯在阅读愉悦上——有所得的文字，也是本文的缘起。当然，我对从近似理论引出"精确成立的陈述"的方式做了变更（否则就不必写本文了），因为温伯格所述的方式假设了所举的近似理论（麦克斯韦方程组）在特定极限（场足够弱并且变化得足够缓慢）下趋于精确成立（"误差就可以要多小就多小"），这在我看来仍太强。而本文的表述在我看来既能维持同样的视角，又不必假设所举的近似理论在特定极限下趋于精确成立，从而更有把握，并且适用范围也更广，不限于特定极限，而是可在大得多（虽然仍有限）的范围内通过限定精度而成立——这才有了"绝对正确"的科学理论这一提法。当然，这种变更是否达到目的，也许见仁见智——倘未达到，甚至弄巧成拙，文责当然在我，但若达到，则我的思路乃是继承温伯格的上述文字。从这个意义上讲，本文可视为我读温伯格那本书的一则扩展读书笔记。

温伯格之所以采用以上视角，有他自己的动因——可作为对上文所述意义的补充，那便是评论科学哲学家托马斯·库恩（Thomas Kuhn）的观点。我在昔日读库恩的《科学革命的结构》（*The Structure of Scientific Revolutions*）一书时，曾经觉得，库恩笔下的科学家仿佛"集中营"里的劳工。温伯格也指出了库恩对科学家行为的不切实际的教条化描述，他并且猜测，库恩是由亚里士多德学说被牛顿理论彻底推翻这一"科学革命"中得到启示，将之僵化地套到牛顿之后科学发展中，而作出了科学革命前后的科学有不同标准，互不可比，一种范式下的科学家无法理解先前范式下的科学，乃至否认科学进展存在趋向性……的荒谬结论（实际上，自牛顿时代以来，科学的标准并无显著变化；牛顿理论与现代物理理论是完全可比的；现代物理学家完全可以理解牛顿理论；科学进展的趋向性也非常明显）。而破除那些荒谬结论的一个很好的视角，正是温伯格指出的"近似理论不仅仅是近似成立的。它们可以作出尽管诉诸近似，却精确成立的陈述"。这是自牛顿时代起的基础物理理论有别于往昔理论，从而使库恩的教条无法套用的根本原因。温伯格对库恩观点起源的猜测虽只是猜测，但用上述视角对库恩观点的评论则一针见血，并且也从一个侧面体现出这一视角的重要性。同时，这一视角也有助于破除科学哲学界一度——甚至仍在一定程度上——甚嚣尘上的相对主义论调，那种论调认为一切科学理论都早晚会被推翻，并以此为由抬高宗教和伪科学的地位，或模糊它们与科学的差别。不理解这一视角，只注重严格字面意义上的绝对正确与否，就很可能会只看到"否"，看不到牛顿时代前后的巨大变化，继而陷于库恩那样的教条，或相对主义论调。

在从温伯格的书里接触上述视角后隔了几个月，在阅读量子物理先驱路易斯·德布罗意（Louis de Broglie）的《物理学中的革命》（*The Revolution in Physics*）一书时，我读到了下面的文字：

> 每当一个定律在一定的近似下以无可争议的方式得到验证，我们就确确实实获得了一个未来的任何学说都无法使之废弃的结果。

虽说得不太显明，但"近似"与"永久"（"未来的任何学说都无法使之废弃"）这两大特征的并举，使德布罗意的这段文字也可被归入上述视角。德布罗意的文字当然比温伯格的早得多，但并无迹象显示两者之间有任何传承，而本文所受的影响也是来自温伯格而非德布罗意。不过德布罗意这样的"老大"既被我看见，自然也要拉过来壮大声势的。

在结束这篇文章之前，还有几句话要赘言一下：科学的犯错和纠错最常见于模型、假设、推理、计算、实验等方面；对业已确立的基础科学理论来说，则往往跟过度外推有关——比如牛顿力学极盛时期的机械观、电磁理论极盛时期的电磁观等，都是过度外推所致的错误。本文语境下的"绝对正确"的科学理论则因限定了范围和精度，实际上只是对既有状态的描述，而杜绝了领域性的外推[①]。一句话说得太满往往难免出错，说得谨慎才可说对，"绝对正确"貌似前者，但在

---

① 从严格字面意义上讲，哪怕对既有状态的描述也隐含着外推，因为通过注定有限的实验点建立任何理论本身就是外推，一个目前成立的理论的未来成立也是外推，但只要限定在经受过足够多检验的范围和精度内，而不作领域性的外推，就无疑是够得上"排除合理怀疑"的标准的——这可视为"排除合理怀疑"一词在本文中的另一层具体含义。

本文语境下实为后者。由于限定了范围和精度,本文语境下的"绝对正确"并不是一个故步自封的傲慢结论,科学会像——并且也一直是像——积极纠错一样地积极突破限定,不懈地追求越来越优越(范围越来越广,精度越来越高)的理论。严格字面意义上的绝对正确之不可达到或不可证明,与界定了范围和精度的本文语境下的某些"绝对正确"的理论之存在,都是现代科学的特点,这可以作为对我以往那些更注重纠错层面的科学哲学文字的补充。

2019 年 1 月 23 日